国家出版基金项目
NATIONAL PUBLICATION FOUNDATION

[青少年太空探索科普丛书·第2辑]

SCIENCE SERIES IN SPACE EXPLORATION FOR TEENAGERS

太空探索再出发 引领读者畅游浩瀚宇宙

揭秘太空战

焦维新○著

辽宁人民出版社 | 辽宁电子出版社

图书在版编目（CIP）数据

揭秘太空战 / 焦维新著 . — 沈阳 : 辽宁人民出版
社 , 2021.6（2022.1 重印）
（青少年太空探索科普丛书 . 第 2 辑）
ISBN 978-7-205-10190-9

Ⅰ . ①揭… Ⅱ . ①焦… Ⅲ . ①航天战—青少年读物
Ⅳ . ① E864-49

中国版本图书馆 CIP 数据核字（2021）第 091834 号

出　　版：辽宁人民出版社　辽宁电子出版社
发　　行：辽宁人民出版社
　　　　　地址：沈阳市和平区十一纬路 25 号　邮编：110003
　　　　　电话：024-23284321（邮　购）　024-23284324（发行部）
　　　　　传真：024-23284191（发行部）　024-23284304（办公室）
　　　　　http://www.lnpph.com.cn
印　　刷：北京长宁印刷有限公司天津分公司
幅面尺寸：185mm×260mm
印　　张：7.5
字　　数：120 千字
出版时间：2021 年 6 月第 1 版
印刷时间：2022 年 1 月第 2 次印刷
责任编辑：高　丹
装帧设计：丁末末
责任校对：冯　莹
书　　号：ISBN 978-7-205-10190-9

定　　价：59.80 元

前言
PREFACE
—

2015 年，知识产权出版社出版了我所著的《青少年太空探索科普丛书》（第 1 辑），这套书受到了读者的好评。为满足读者的需要，出版社多次加印。其中《月球文化与月球探测》荣获科技部全国优秀科普作品奖；《揭开金星神秘的面纱》荣获第四届"中国科普作家协会优秀科普作品银奖"；《北斗卫星导航系统》入选中共中央宣传部主办、中国国家博物馆承办的"书影中的 70 年——新中国图书版本展"。从出版发行量和获奖的情况看，这套丛书是得到社会认可的，这也激励我进一步充实内容，描述更广阔的太空。因此，不久就开始酝酿写作第 2 辑。

在创作《青少年太空探索科普丛书》（第 2 辑）时，我遵循这三个原则：原创性、科学性与可读性。

当前，社会上呈现的科普书数量不断增加，作为一名学者，怎样在所著的科普书中显示出自己的特点？我觉得最重要的一条是要突出原创性，写出来的书无论是选材、形式和语言，都要有自己的风格。如在《话说小行星》中，将多种图片加工组合，使读者对小行星的类型和特点有清晰的认识；在《水星奥秘 100 问》中，对大多数图片进行了艺术加工，使乏味的陨石坑等地貌特征变得生动有趣；在关于战争题材的书中，则从大量信息中梳理出一条条线索，使读者清晰地了解太空战和信息战是由哪些方面构成的，美国在太空战和信息战方面做了哪些准备，这样就使读者对这两种形式战争的来龙去脉有了清楚的了解。

教书育人是教师的根本任务，科学性和严谨性是对教师的基本要求。如果拿不严谨的知识去教育学生，那是误人子弟。学校教育是这样，搞科普宣传也

是这样。因此，对于所有的知识点，我都以学术期刊和官方网站为依据。

图书的可读性涉及该书阅读和欣赏的价值以及内容吸引人的程度。可读性高的科普书，应具备内容丰富、语言生动、图文并茂、引人入胜等特点；虽没有小说动人的情节，但有使人渴望了解的知识；虽没有章回小说的悬念，但有吸引读者深入了解后续知识的感染力。要达到上述要求，就需要在选材上下功夫，在语言上下功夫，在图文匹配上下功夫。具体来说做了以下努力。

1. 书中含有大量高清晰度图片，许多图片经过自己用专业绘图软件进行处理，艺术质量高，增强了丛书的感染力和可读性。

2. 为了增加趣味性，在一些书的图片下加了作者创作的科普诗，可加深读者对图片内涵的理解。

3. 在文字方面，每册书有自己的风格，如《话说小行星》和《水星奥秘100问》的标题采用七言诗的形式，读者一看目录便有一种新鲜感。

4. 科学与艺术相结合。水星上的一些特征结构以各国的艺术家命名。在介绍这些特殊结构时也简单地介绍了该艺术家，并在相应的图片旁附上艺术家的照片或代表作。

5. 为了增加趣味性，在《冥王星的故事》一书中，设置专门章节，数字化冥王星，如十大发现、十件酷事、十佳图片、四十个趣事。

6. 人类探索太空的路从来都不是一帆风顺的，有成就，也有挫折。本丛书既谈成就，也正视失误，告诉读者成就来之不易，在看到今天的成就时，不要忘记为此付出牺牲的人们。如在《星际航行》的运载火箭部分，专门加入了"运载火箭爆炸事故"一节。

十本书的文字都是经过我的夫人刘月兰副研究馆员仔细推敲的，这个工作量相当大，夫人可以说是本书的共同作者。

在全套书内容的选择上，主要考虑的是在第1辑中没有包括的一些太阳系天体，而这些天体有些是人类的航天器刚刚探测过的，有许多新发现，如冥王星和水星。有些是我国正计划要开展探测的，如小行星和彗星。还有一些是太阳系富含水的天体，这是许多人不甚了解的。第二方面的考虑是航天技术商业化的一个重要方向——太空旅游。随着人们生活水平的提高，旅游已经成为日常生活必不可少的活动。神奇的太空能否成为旅游目的地，这是人们比较关心的问题。由于太空游费用昂贵，目前只有少数人能够圆梦，但通过阅读本书，人们可以学到许多太空知识，了解太空旅游的发展方向。另外，太空旅游的方式也比较多，费用相差也比较大，人们可以根据自己的经济实力，选择适合自己的方式。第三方面，在国内外科幻电影的影响下，许多人开始关注星际航行的问题。不载人的行星际航行早已实现，人类的探测器什么时候能进行超光速飞行，进入恒星际空间，这个话题也开始引起人们的关注。《星际航行》就是满足这些读者的需要而撰写的。第四方面是直接与现代战争有关的题材，如太空战、信息战、现代战争与空间天气。现代战争是人们比较关心的话题，但目前在我国的图书市场上，译著和专著较多，很少看到图文并茂的科普书。这三本书则是为了满足军迷们的需要，阅读了美国军方的大量文件后书写完成。

《青少年太空探索科普丛书》（第 2 辑）的内容广泛，涉及多个学科。限于作者的学识，书中难免出现不当之处，希望读者提出批评指正。

本套图书获得国家出版基金资助。在立项申请时，中国空间科学学会理事长吴季研究员、北京大学地球与空间科学学院空间物理与应用技术研究所所长宗秋刚教授为此书写了推荐信。再次向两位专家表示衷心的感谢。

焦维新

2020 年 10 月

目录
CONTENTS

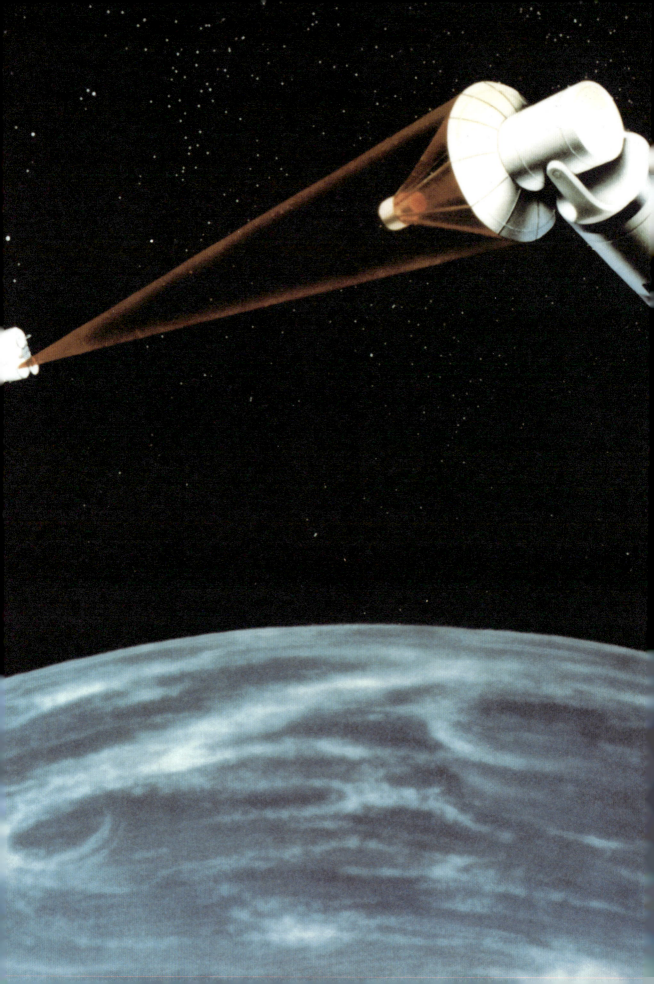

第1章

关于**战争**的话题

- -

冷战结束之后，世界范围内的局部战争依然不断发生。现代战争的主要特点表现为远距离精确打击、信息战日益突出、太空战因素增加。太空战争有哪些新的对抗模式？它是怎样一步步成为未来趋势的？本章讲述关于现代战争的那些事。

- -

▲ 星球大战计划中的一种武器

现代战争的特点

冷战结束后，世界仍不安宁，霸权主义、强权政治仍然存在，地区冲突、民族矛盾、局部战争此起彼伏。近 30 年来，尽管全世界的主流是和平与发展，但局部战争依然不断发生。

现代战争的主要特点可用三句话概括：远距离精确打击、信息战日益突出、太空战的因素在增加。

▶ 远距离精确打击

虽然海湾战争已经过去多年了，但当年电视中播放的海湾战争的景象，恐怕已经给许多人留下深深的记忆。在刺耳的警报声响过之后，游弋在波斯湾的美国战舰向伊拉克发射战斧式巡航导弹，这些导弹就像长了眼睛似的，准确地击中 1000 多千米以外的目标，当时就把人看得目瞪口呆。战争的形式完全变了！

远程精确制导武器已经成为现代战场上的新宠，其精确打击能力极大地提高了武器毁伤效能，并最大限度地减少了附带伤亡，使远程精确打击成为军事强国打击敌方重要目标的首选方法。目前实现远距离精确打击的武器主要有巡航导弹、精确制导炸弹和弹道导弹，导航的方式有激光制导、惯性制导和导航卫星制导等，其中最重要的方式是卫星导航定位系统制导。

精确制导武器发展迅速，在近年的局部战争中，使用率越来越高。在海湾战争（1990—1991）中，空对地精确制导武器仅占全部投弹量的 8%；在波黑战争（1995）中，精确制导武器的使用量提高到了 60%；科索沃战争（1999）中，精确制导武器占到了 68%，发挥了主导作用。

巡航导弹

制导炸弹

弹道导弹

▲ 常用的精确制导武器

▶ 信息战日益突出

运用信息技术和武器，打击敌人的信息系统，特别是侦察和指挥系统，使敌人不明情况，难以做出决策；或者给以虚假的信息，使之做出错误的决策。与此同时，采取一切措施保护自己的信息系统不受敌人的干扰和破坏，这种攻防兼备的信息战，核心是争夺制信息权。

信息战的五大领域包括：电子战、网络战、网络心理战、军事欺骗战和信息保密战。

电子战：是指敌对双方争夺电磁频谱使用和控制权的军事斗争，包含三部分：电子攻

电子战构成

电子战支援
拦截、辨别和定位

电子攻击
直接攻击、定向能

电子防护
保护人员和设备

▲ 电子战构成

▲ 网络战

击、电子防护和电子战支援。

网络战：是为干扰、破坏敌方网络信息系统，并保证己方网络信息系统的正常运行而采取的一系列网络攻防行动。网络战的主要形式包括网络情报战、网络空间攻击作战和网络空间防御作战。

网络心理战：是以计算机网络为载体，运用心理学原理，通过心理宣传、心理欺诈和心理威慑等手段，从精神上瓦解敌方的一种心理作战方式。

军事欺骗战：军事欺骗是指故意在己方军事能力、意图和行动方面误导敌方决策者，导致敌方采取或停止某些行动，为己方完成任务创造有利条件。

信息保密战：所谓军事信息安全保密，是指在军事信息领域中通过技术性反窃密、反破坏措施，确保军事信息的完整性、可用性、机密性和真实性，保证采集信息、传输信息、处理信息、存取信息和使用信息的安全。它主要包括

军事通信安全保密和计算机安全保密两大部分。在现代技术，特别是高技术条件下，军事信息安全保密已经成为军队保密工作中一个关键性课题，越来越引起人们的重视。

信息安全是最大的安全，只有确保信息尤其是军事信息的安全，才能确保国家安全。

▶ 太空战的因素在增加

自海湾战争以来，美国及其盟军在战争中动用了军事航天力量，多种卫星直接或间接地为战争服务。美国一位将军在总结近些年来的局部战争时说，第一次海湾战争有了太空战的雏形；科索沃与伊拉克战争使太空战因素增多。

说一说

下面图片中的军事卫星大家认识吗？你能说出它们的名字吗？

▼ 海湾战争动用的侦察卫星

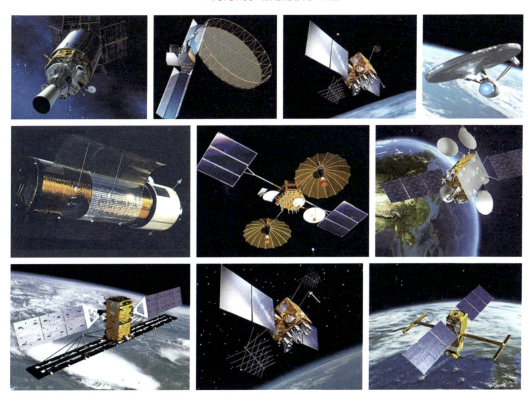

在第一次海湾战争中，以美国为首的多国部队运用了 72 颗卫星，包括照相侦察卫星、电子侦察卫星、遥感卫星、通信卫星、导航卫星、海洋卫星和气象卫星等。在伊拉克战争中，美国动用各类卫星 150 多颗，种类包括成像侦察卫星、电子侦察卫星、海洋监视卫星、导弹预警卫星、通信卫星、广播卫星、数据中继卫星、导航定位卫星、军民气象卫星、商业遥感卫星及商业通信卫星等。

卫星军事应用的特点：（1）空间优势基本形成；（2）快速反应能力提升；（3）实时指挥能力强大；（4）GPS 实现战场普及；（5）侦察预警贯穿全程。

 # 美国把战场推向太空

▶ "高边疆"理论

20世纪80年代初，美国陆军退役中将格雷厄姆联合30多位著名科学家、经济学家、空间工程师和军事战略家，对如何利用太空进行了潜心研究，于1982年3月出版了《高边疆——新的国家战略》（*HIGH FRONTIER: A New National Strategy*）一书。主要内容有：（1）提出了实施"高边疆"战略的基本理由。认为以前恪守的"相互确保摧毁"理论给美国造成了极为不利的形势，而实施"高边疆"战略，用"确保生存"战略取代"相互确保摧毁"理论，才是消除苏联军事力量对美国及其盟国威胁的正确选择。（2）阐述了实施"高边疆"战略的目的。即通过开辟和利用空间领域发展经济和加强军事实力，以便在美苏的全面竞争中继续占有战略优势。（3）论述了实施"高边疆"战略、开拓和利用太空的重要性。（4）论述了实施"高边疆"战略的两种方案及其比较。为了对付苏联的军事挑战，实施"高边疆"战略可以有两种基本选择方案，即"渐进法"和"勇进法"。（5）提出了部署弹道导弹防御系统的计划设想。

《高边疆——新的国家战略》出版后，引起美国政府、军方、公众及其他国家的广泛关注。1983年，里根政府基于"高边疆"战略理论，提出"战略防御倡议"（Strategic Defense Initiative，SDI），即"星球大战计划"，以此与苏联展开新的军备竞赛。该计划对于在美苏竞争中拖垮苏联经济，导致两极世界格局终结具有一定的影响。

▶ 星球大战计划

星球大战计划的正式名称为战略防御倡议，是美国在20世纪80年代提出的一个军事战略计划，目标为建造太空中的激光装置作为反弹道导弹系统，使敌人的导弹在进入大气层前受到摧毁。该计划源自美国总统罗纳德·里根在冷

大家知道哪些电影讲述了有关星球大战的故事？
说一说其中让你印象深刻的武器战故事情节。

战后期（1983 年 3 月 23 日）的一次著名演说。其核心内容是：以各种手段攻击敌方的外太空的洲际战略导弹和外太空航天器，以防止敌对国家对美国及其盟国发动核打击。其技术手段包括在外太空和地面部署高能定向能武器（如微波、激光、高能粒子束、电磁动能武器等）或常规打击武器，在敌方战略导弹来袭的各个阶段进行多层次的拦截。该计划的着眼点在于当苏联发动大规模核武器攻击时，相当数目的美国飞弹能够存活下来。冷战结束后则再度修正该计划，试图在美国受到少数核武器攻击时保障领土安全。美国的许多盟国，包括英国、意大利、以色列、日本等，也在美国的要求下不同程度地参与了这项计划。

由于系统计划的费用昂贵和技术难度大，计划中的许多项目，如著名的"X-30""X-33"等最终无限期延长甚至终止。美国于 20 世纪 90 年代宣布中止"星球大战计划"，相关资源缩编改组为弹道飞弹防御组织，之后 2002 年又再次改为飞弹防御局。

随着美国中央情报局冷战密件曝光，该计划被认为是一场彻底的骗局，有人认为"星球大战计划"只是美国政府为了拖垮苏联而采取的一种宣传手段而已。但五角大楼声称，计划之所以未能完全实施，是因为存在技术缺陷，而非外界所说的骗局。

不论实际是否为一场骗局，"星球大战计划"的成果与实验的装置仍然发挥着作用。例如美国白沙实验场，研究"光束飞船"（用激光代替化学燃料）的激光仍然是来源于"星球大战计划"中所使用的仪器。

▶ 空军的"转型飞行计划"

2003 年 11 月，美国空军制订了长达 176 页的"转型飞行计划"，2004

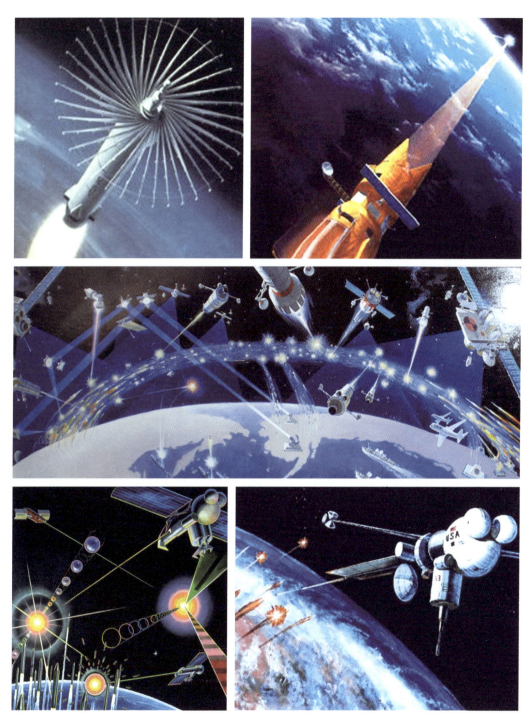

▲ "星球大战计划"的各类武器

▲ 卫星攻击卫星的概念

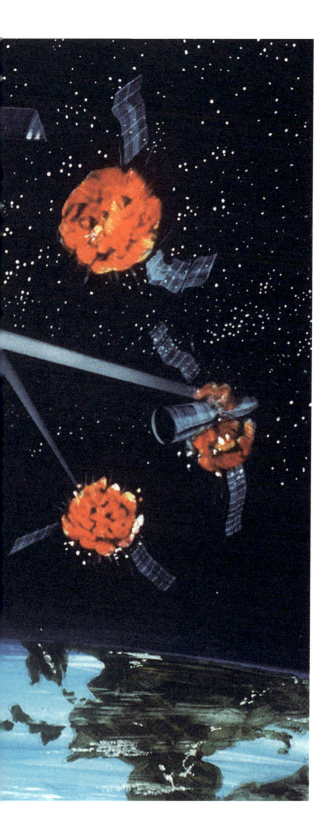

年2月向社会公布了这个计划。这个计划着重回答了为什么要转型、转型的目标和重要转型能力这三个问题。

为什么要转型？

目的是要给部队提供革命性的或不对称优势的战斗力；开发一些新的方法，创造作战理念和能力，用新的技术建立新型的组织编制；变革空、陆、海战的方式。

转型的两个核心包括：

1 | 信息化部分：以太空系统、空中侦察系统、远程战略预警雷达和超级网络系统，为美国进行全球打击提供准确的目标信息。

2 | 机械化部分：含义是远程和快速，以"全球瞬时打击"实现战略目标。

转型的六个目标包括：

信息优势、空中和太空优势、精确打击、全球攻击、迅速全球机动和敏捷作战支援。

转型的六个作战理念包括：

全球移动、全球响应、全球攻击、本土安全、核响应以及太空和C^4ISR系统。

重要转型能力包括：

（1）反卫星通信系统；（2）反侦察和监视系统；（3）用于机载和星载

全球激光交战的中继镜；（4）地基激光武器；（5）超速集束弹；（6）轨道深空成像器；（7）轨道转移运载器；（8）快速的攻击识别探测和报告系统；（9）星载射频能量武器；（10）星载空间监视系统。

▶ "施里弗"太空战演习

"施里弗"演习是美国太空作战计算机模拟演习，为年度例行性演习，每两年在美国科罗拉多州施里弗空军基地举行一次，为期4~8天。演习由美军空间战中心主办，美国空军航天司令部"太空作战中心"负责组织，美空军、陆军、海军、海军陆战队、国家侦察局、美国若干联邦机构和数十家商业航天公司参演。

为什么代号为"施里弗"？

美空军主导的太空战演习之所以代号为"施里弗"，是为了纪念20世纪50年代时任美国空军西部发展部主任伯纳德·施里弗将军对美国空军太空力量发展的卓越贡献。时任美国总统约翰·肯尼迪提出的"谁控制太空，谁将控制地球"的著名论断，就出在施里弗将军的报告"从长远看，美国的国家安全取决于能夺取'太空优势'，未来决定性战争不是海战，也不是空战，而是夺取'制太空权'的太空战争"。正是因为以施里弗将军为代表的空军主要领导人对太空力量本质的深刻认识，促使美国空军成为国防部军事航天力量建设的主导军种。

"施里弗"演习的战略意图：以太空优势谋求太空霸权。

1 | 美军持续组织太空战演习，目的之一就是实施太空战略威慑，慑止太空挑衅，维护太空霸权。"施里弗"演习注重运用先进太空力量及时发现敌人突袭征候，准确判别威胁程度，全面掌握空间态势，并对"危机"做出快速反应。

2 | 检验太空武器系统战技性能，提升太空和网络攻防能力。美军将"施里弗"太空战演习由"太空"逐步向临近空间、网络空间拓展，陆续开展了一系列太空战背景下的网络攻防演习，重点演练如何利用计算机网络对敌方的太空作战指控中心、卫星操作中心、卫星通信网络等关键节点实施攻击，同时保护己方的太空指挥、控制和通信设施不受损害。

3 | 促进太空战略战术研究，辅助美国太空政策和战略制定。演习的初衷

是在各种场景中检验先进航天技术的应用，但之后逐渐聚焦在战略和政策制定、决策与指挥控制支援过程中遇到的各种问题。从历次演习看，美军不仅检验了新型航天系统和新兴航天技术，探索如何替换失效卫星、保护己方航天系统等战术问题，同时检验了航天作战的战法和原则，探究了太空与网络空间对未来威慑战略的影响等战略问题。演习还积极探索太空控制方法，试图借此不断加深对"空间控制"的理解和应用，从而在未来太空作战中确保美军及其盟友在太空的行动自由，并在必要时阻止他国进入太空。美军希望将其在空间指挥和控制方面的实战经验纳入指导未来航天作战的概念性文件中，并为未来航天战略及规划提供借鉴。

到目前为止，美国除了举办"施里弗"演习外，在 2017 年还举办了两次"太空旗"训练演习。两次的演习地点均为施里弗空军基地，参演部队主要来自空军和陆军个别单位以及跨部门机构，演习设施为波音公司的模拟作战中心。

相比"施里弗"太空战演习，"太空旗"演习则更为关注太空作战技战术训练，主要针对可能会在太空轨道发生的作战态势开展演练，旨在使作战人员通过模拟太空作战，更好地了解和理解对手形成的威胁，并以此规划任务，优化战役战术级太空作战管理和指控流程，并为相关能力的开发指明方向。

▶ 指挥控制体系准备

美军认为，统一指挥、统一行动、统一目的是有效实施太空作战的关键。冷战后发动的几场大规模战争中，美军使用太空资产的规模逐次扩大，厘清指挥控制关系、建立指挥控制体系的重要性凸显。通过总结实战经验和开展演习论证，美军不断调整和完善太空作战指挥控制链，形成了层次分明、职责明确的太空作战指挥控制体系。

早在 1982 年 9 月，美国就成立了空军航天司令部（AFSPC），其总部设在科罗拉多州的彼得森空军基地。AFSPC 通过使用多种不同类型的卫星以及网络操作，支持美国在世界范围内的军事行动。AFSPC 掌握控制空间力量的93% 以上，也是联合航天司令部的主体部分，其使命是加强空军的航天活动和美国的航空航天职能。下辖第 14、第 20 航空队，第 76 空间控制中队，第

▲ 新型太空战武器

527 空间攻击中队，总人数在 3 万人左右。

　　AFSPC 的主要任务是：（1）空间力量支持，包括发射卫星和其他高价值的有效载荷送入太空，操作这些卫星在太空运行。（2）空间控制，确保进入空间，监视空间；保护美国及其盟国航天系统；防止敌方使用美国及其盟国航天系统；阻止敌方使用航天系统，即扰乱、欺骗、破坏敌方的航天系统，或降低敌方航天系统的应用效能。（3）空间力增强，提供卫星气象信息、通信、情报、导弹预警以及导航信息，直接支援作战部队。

　　AFSPC 直接掌控一些与太空战有关的高级设备，包括天基、地基和空基设施。

1 | 高级甚高频系统（EHF）

　　高级甚高频系统是一种联合服务卫星通信系统，为高优先级的军事地面、海上和空中资产提供可生存的、全球的、安全的、受保护的、抗干扰的通信。EHF 使国家安全委员会和统一的战斗指挥官能够在所有级别的冲突中控制他们的战术和战略力量，并支持实现信息优势。

▲ 高级甚高频系统

2 │ 国防气象卫星

美国国防气象卫星项目一直在收集美国军事行动的天气数据。其特殊的传感器能测量大气垂直的湿度和温度。军事天气预报人员可以探测到天气的发展模式，并追踪偏远地区现有的天气现象，包括严重的雷暴、飓风和台风。

▲ 国防气象卫星

3 │ 国防卫星通信系统

国防卫星通信系统（DSCS）提供了核硬化、抗干扰、高数据率、长途通信给世界各地的用户。DSCS 支持：国防通信系统、陆军地面机动部队、空军

▲ 国防通信卫星

▲ 国防支援项目卫星

的机载终端、海军舰艇在海上、白宫通信机构、国务院和特殊用户。

4 | 国防支援项目卫星

美国空军国防支援计划（DSP）卫星是北美早期预警系统的重要组成部分。在其 35786 千米的地球同步轨道上，DSP卫星通过探测导弹发射、空间发射和核爆炸，帮助保护美国及其盟国。

5 | 地球同步轨道太空态势感知项目

GSSAP 卫星是一种基于太空的能力，在地球同步轨道系统中运行，支持美国的战略指挥空间监视行动的专用的空间监视网络传感器。

▲ 太空态势感知卫星

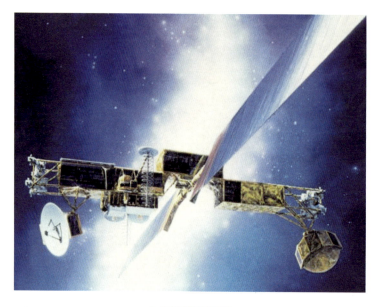

▲ 军事通信卫星

6 | 军事卫星通信系统

其拦截和探测的可能性较低，旨在克服敌人的干扰和核影响。

7 | 弹道导弹早期预警雷达

空军有三个弹道导弹早期预警雷达。这些雷达能够探测弹道导弹攻击，并进行一般的空间监视和卫星跟踪。它们位于格陵兰的图勒空军基地、克里空军基地以及费令代尔斯皇家空军基地。

▲ 弹道导弹早期预警雷达

▲ 戴恩眼镜蛇雷达

8 │ 戴恩眼镜蛇雷达

戴恩眼镜蛇雷达是一个相控阵雷达，主要任务是收集关于外国弹道导弹发射的数据。它能同时追踪和记录多达 120 个目标的数据，在发现导弹后能自动转换为导弹防御模式。

知识总结

写一写你的收获

第 2 章

真实意义的**太空战**

从战争形态来看，很多专业人士普遍认为，几次局部战争中太空战的因素逐步增加，但依然不是真正意义上的"太空战"，这是为什么呢？在未来高科技战争中，"制太空权"成为人们争夺军事优势的焦点。本章为大家介绍现代太空战争是如何从"陆海空"扩展到"陆海空天"四位一体的整体格局，同时介绍了"空天一体战"的作战理论，阐述了航天力量与空军之间如何提供支援，形成整体战斗力。

 # 什么是太空战

▶ 太空战的定义

海湾战争已经过去 30 年，人们对海湾战争发生的背景、特点和结果，从多方面进行了评论和总结。从战争形态来看，包括美国的一些将军都认为，第一次海湾战争有不少太空战的因素，在接下来的几次局部战争中，太空战的因素逐步增加。为什么这些评论都提到了太空战的因素，而没有直接说明这些战争就是太空战呢？

主要原因有两方面，一是交战双方只有一方具有军事航天力量；二是在太空领域没有发生直接的军事对抗。在这些局部战争中，虽然美国及其盟国动用了军事航天力量，但基本限于侦察、导航、通信、电子攻击和电子干扰等方面，直接进攻的武器主要是制导炸弹和巡航导弹。而且对方根本无力对美军的军事航天系统发动任何形式的反击，战争是一边倒的。综上所述，我们不能将这些局部战争称为太空战。

根据上述局部战争的发展情况，考虑到军事航天技术的发展，可以对太空战下这样的定义：是指大量使用天基武器系统，以地球的外层空间为重要战场所进行的作战行动，其目的是争夺制太空权。太空战既包括作战双方天基武器系统之间的格斗，也包括天基武器系统对地面和空中目标的打击以及从地面对天基武器系统发动的攻击。

这个定义涉及四层意思：（1）武器类型——明确说要有天基武器；（2）战场范围——扩展到太空；（3）战争的目的——夺取制太空权；（4）天地一体化——陆、海、空、天不存在界限，投入的武器多样化，战斗同时在多层次上进行。

虽然目前还没有出现完全意义上的太空战，但关于"太空战"的名词早已出现了。在 20 世纪 60 年代早期，美国军方制作了一部名为《太空和国家安

全》的电影，描绘了太空战争。

世界历史上只发生过几次"太空战"，但都属于训练任务，而不是针对真正的敌对势力采取行动。1985年，一位美国空军飞行员驾驶F-15成功击落了一颗美国研究卫星P78-1，那是在555千米的轨道上。太空战也强烈地影响了美国航天飞机的最终设计，如果航天飞机要向苏联发射一种军事有效载荷，并且在一次旋转后立即离开轨道，以避免被击落，就需要有独特的三角洲翼型。

目前可以被认为是天基武器的，主要有天基或空基激光武器、动能拦截器、"上帝之杖"以及一些微卫星系统。在美国的"星球大战计划"中还提到粒子束武器和微波武器，但这两种武器目前进展不大。

▶ 什么叫制太空权

制太空权（也称制天权）是指在战争中，在一定时间内对某一空间领域所拥有的控制权和主导权。夺取制太空权是为了限制、削弱或破坏敌方力量的作战效能，同时保护己方航天力量正常发挥作战效能。

美军提出的制太空权的含义是：

1 ｜ 对世界各国的空间活动进行全面的监测；

2 ｜ 必要时阻止其他国家使用美国的太空设施（如GPS）；

3 ｜ 不让其他国家进入和利用太空；

4 ｜ 确保美国自己自由进入和利用太空；

5 ｜ 保护美国自己的太空设施不会受到干扰和攻击。

制太空权对未来战争全局具有重大的主导作用。一方面，未来的太空军事力量"天军"，将是人类高智能、高技术的集合体，在未来武装力量中占据首要地位。另一方面，太空战场极其广阔深远，它全面包容覆盖传统的陆海空战场，具有"居高临下"的空间优势。"天军"一旦控制了太空战场，就能凭借其高智能、高技术和高空间优势，全面控制陆海空战场。制太空权将主导制空权、制海权和制电磁权，直接影响战争的进程与结局。

取得制太空权的重要支柱是太空目标监视系统。

在以信息战为核心的未来高科技战争中，"制太空权"都将成为争夺军事优

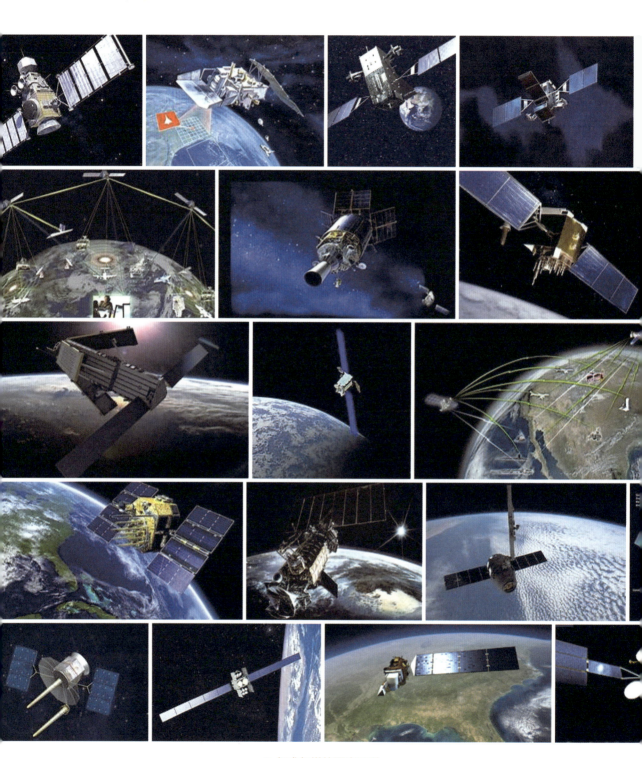

▲ 各式各样的军事卫星

势的重要手段。而太空目标监视系统就是达到这一目的的重要技术基础。各军事强国都非常重视该系统的建设和发展，努力达到和平时期和战时能够对太空目标进行监视、跟踪和识别，掌握和实时提供太空目标态势，必要时对危险太空目标做出反应，以便保护己方的太空资产并且赢得高科技战争的主动权。

现代化的太空目标监视系统主要采用光电／光学探测和无线电探测手段。其中，光电／光学探测手段是传统的探测手段，技术成熟，建设和运行成本较低，对距离较远的高轨道太空目标、地球同步轨道太空目标有明显优势，缺点是受昼夜和无光等条件影响很大。无线电探测手段主要是指远程雷达或者无线电干涉测量，可以连续地、全天候地进行探测，具有多目标探测能力和发现新目标的能力，对距离较近的低轨道太空目标探测优势明显，但是建设和运作成本较高，而且存在较严重的电磁污染。

太空战的主要方式

▶ 从地面和空中对空间攻击作战

从地面（包括海面）和空中对空间攻击作战是指利用地基或空基武器攻击空间系统的作战行动。主要用地基导弹、空基导弹、激光武器攻击敌方的战略导弹和航天器。

目前，在太空战的各种作战方式中，地面对空间的攻击战是发展比较快的一种。无论是理念研究，还是武器装备的发展，都是比较成熟的，其中比较接近实战的是反卫星导弹。

1 | ASM-135 ASAT

ASM-135 ASAT 是一种空中发射的反卫星多级导弹，由美国空军的 F-15 鹰战斗机独家携带。1982 年 12 月 21 日，F-15A 在美国加州爱德华兹空军飞行测试中心进行第一次人工携带 ASM-135 飞行测试。

1985 年 9 月 13 日，F-15A 76-0084 在范登堡空军基地以西约 322 千米处发射了一颗 ASM-135 ASAT，并摧毁了 Solwind P78-1 卫星，飞行高

▲ 反卫星导弹 ASM-135 ASAT

▲ F-15 鹰战斗机

度为 555 千米。在发射前，F-15 以 1.22 马赫的速度飞行，以 65° 的角度执行了 3.8 G 的爬升。在 38100 英尺高度 ASM-135 ASAT 自动发射，此时 F-15 的飞行速度为 0.934 马赫。13.6 千克重的拦截器与 907 千克重的 Solwind P78-1 卫星相撞，相对速度为 24140 千米 / 时。

2 | 美国击毁失效卫星

2006 年 12 月，美国发射了一颗侦察卫星，代号是 USA193。但发射不久就与地面失去联系。2008 年 2 月 20 日，美国从伊利湖战舰上发射了一枚标准 3 导弹（SM-3）击落了该卫星。其实这个行动的主要目的是验证该导弹的反卫星性能，但却美其名曰保护人类的环境，不让卫星携带的燃料联氨污染环境。如果美国不用导弹摧毁该卫星，卫星在进入大气层后也会因高温而燃烧殆尽，不可能散落在地球表面。

▲ 标准 3 导弹发射

▲ 机载激光武器攻击卫星

3 ｜机载激光器

目前，美国空军机载激光武器的研究已经取得较大进展，并在筹备发展能够用于反卫星的机载激光武器。1997 年 10 月 17 日，美国成功完成了激光攻击卫星试验。虽然只是利用激光攻击卫星，但它同样可以袭击载人航天器。

▶ 天—天对抗作战

天—天对抗作战是指在空间战场，运用反卫星卫星、反卫星导弹、天基截击导弹等天基进攻力量及其武器系统，对敌在轨运行的各种航天器和空间武器系统实施干扰、打击、摧毁和捕获等破坏行动。如天基反卫星武器是从卫星或其他空间航天器上发射的空间杀伤拦截器。这是空间作战的最高对抗形式，其目的是直接打击和破坏天基空间力

▲ 天基激光武器

▲ 天基离子炮

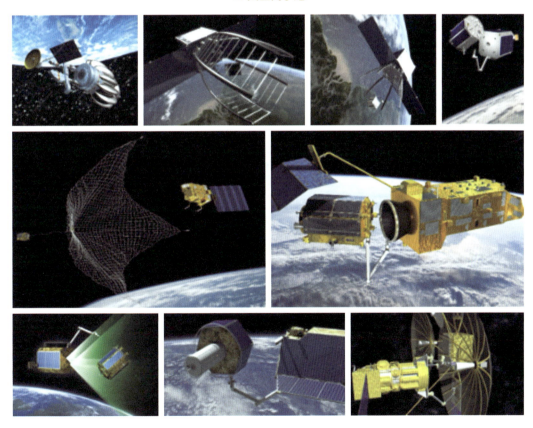

▲ 捕获在轨卫星

量，夺取空间战场的优势和主动权。

天—天对抗作战具有多种作战方式。根据杀伤破坏机理可分为"硬"杀伤和"软"杀伤。"硬"杀伤是利用天基强激光武器、强电磁脉冲武器、动能武器等对敌空间目标实现直接高能量杀伤破坏；"软"杀伤是利用低能激光武器、电磁脉冲武器等对敌空间目标实施"失能性"破坏与干扰。

▶ 天—地对抗作战

空间对地面作战是指直接从外层空间对地面（或海上）、地下（水下）目标实施突击作战行动。其主要特点是：武器装备事先已进入空间，在空间进一步完成准备后，再按命令对地面目标发起突击。目前研究较多的一种空间对地打击武器是动能撞击武器。

动能轰炸的优势在于能够以极高的速度从很高的角度发射炮弹，这使得它们很难防御。此外，投射物不需要爆炸弹头，在最简单的设计中，将完全由固体金属棒组成，这就产生了"上帝之杖"的共同绰号。缺点是准确性不高，在轨道上定位困难。

▲ 懒狗炸弹

在越南战争期间，有一种使用不多的"懒狗炸弹"，这是一种类似常规炸弹的钢弹，但只有 25.4 毫米长，9.525 毫米直径。一块金属板被折起来做成了鳍，并焊接到抛射物的尾部。这些武器被从飞机上扔到敌方部队，并产生了与垂直发射的机枪相同的效果。

在 2003 年美国空军报告中描述了这样一个系统，是一个长 6.1 米、直径 0.3 米的钨棒，这是由卫星控制的，具有全球打击能力，其撞击速度为 10 马

赫。从离轨到撞击之间的时间只有几分钟，这取决于轨道和轨道位置，这个系统可在全球范围内运行，不需要配置导弹、飞机或其他工具。

这个武器自然会包含一个巨大的动能，因为它以轨道速度运动，至少每秒8千米。当棒接近地球时，它必然会失去大部分的速度，但是剩余的能量会造成相当大的伤害。一些系统被认为相当于一枚小型战术核弹的当量。

以 2003 年美国空军报告中提到的系统为例，一个长 6.1 米、直径 0.3 米的钨柱，以 10 马赫的速度撞击，其动能相当于 11.5 吨 TNT。高度拉长的形状和高质量可提高截面密度，从而最大限度地减少因空气摩擦而导致的动能损失，并最大限度地穿透深埋地下的掩体。更大的设备预计将非常有效地穿透深埋的掩体和其他指挥控制目标。

这种武器将很难防御。它有很高的闭合速度和小的雷达截面。发射是很难被发现的。任何红外发射信号都发生在轨道上，没有固定的位置。与弹道导弹发射相比，红外发射信号的强度要小得多。该系统的一个缺点是，在重新进入大气层时，武器的传感器几乎是盲目的，因为等离子体鞘会在它前面发展，所以如果它进行了一次意想不到的操作，那么移动目标可能很难击中。该系统还必须应对来自重返大气层时的大气层加热，这可能会熔化该武器的非钨成分。"上帝之杖"这个词语也被用来描述同样的概念。

▶ 空天一体战

空天一体化是指航天力量与空军在作战、力量、指挥、建设诸方面的一体化。在作战上，航天力量与空军之间单向或相互提供支援，形成整体战斗力。

1 │ 空天一体化作战理论的内涵

从战场的角度看，航天空间具有高边疆、无国界的特点，能够提供更加广阔的视野和更快的通信速度，能对空中作战提供更有效的支援。而且航天空间与航空空间可以说是密不可分的整体，因为二者在空间位置上相连，在物理性质上相似，在作用地位上相同；俯视地球，居高临下，是它们共有的特性。若是空天结合，可以提高 50%~80% 的战斗力。

空天一体作战有巨大效能，航空与航天的"联姻"及其在空中战场上的突出作用，使得军事大国更加注重借用空间力量来增强空中作战效能，在空间部署大量高技术密集的军事系统，军事航天技术已广泛应用于指挥、通信、侦察、监视、预警、定位、导航等众多军事领域，尤其在远距离信息传输方面更显优势。

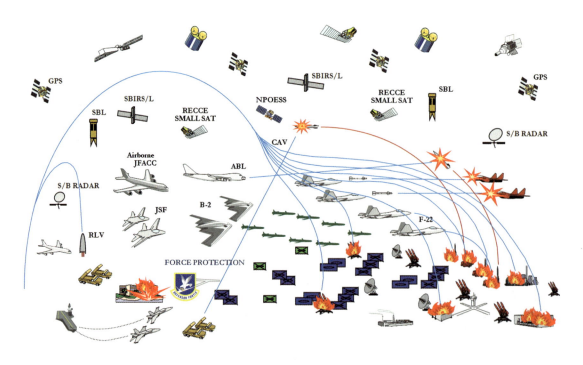

▲ 空天无缝隙操作

人类社会迄今尚未进行过空间攻防交战，当前和今后一定时期内，空天领域一体作战的主战场仍在航空空间，空天一体作战形式，将主要表现为天基平台支援下的空中进攻作战和防空反导作战，也不排除对航天器进行小规模的干扰攻袭。美军认为，联合航空航天力量是一支由各军种航空航天部队组成的作战力量，通过协调一致的行动达成作战目的。随着空军精确打击能力的提高，空军的战场打击效能前所未有，以往必须有其他军种配合才能达到的作战效果，现在由空军单独实施就可以实现。战场空中化和航天作战资源所具有的无可匹敌的优势，使军界深刻认识到：空军取胜之道在于信息火力一体、空天一体，空天一体作战将成为未来战争的主要样式。

2 ｜ 空天一体的发展模式

空天一体在发展道路上目前主要有两种模式：一是走航空航天一体化的发展道路，如美国空军在《全球参与：21世纪空军构想》中提出，首先要将美国空军建设成为一支航空与航天力量，进而再将其改造成为一支航天与航空力量。二是走空防合一、防空防天一体化的发展道路（航天器除外），即航空、防空、弹道导弹，如法国、俄罗斯、印度、以色列等采用此种模式。

空天一体的实现程度由低到高可以划分为三个层次：信息融合，即空天信息融合，特别是天基信息进入"座舱"，实现天基信息的战术运用；技术融合，即航空航天技术的一体融合，主要以空天平台一体化为标志；力量融合，即空天力量融合，以空天力量结构的一体融合和空天战场作战行动的一体融合为标志。

总的来看，信息融合是空天一体建设的现实目标，主要以"天基信息进座舱"为重点，着力形成天基信息支援下的航空空间攻防作战能力；技术融合是中期目标，以高超声速飞行器为重点，以临近空间作战能力建设为突破口，加快空天一体飞行器的武器化进程，初步建设空天一体化的武器装备体系；力量融合则需要更长时间的努力。

（1）美军模式

空军主导，联合航天，空、天、弹一体。美国军队的"空军主导"模式，是指美国空军在军事航天力量的建设、管理和使用中居主导地位，起主导作用；"联合航天"，是指各军种建有各自的航天力量，在联合航天司令部（于2002

年撤销）的统一指导下，分别管理和使用各自的航天资源；"空天弹一体"，就是将航空力量、航天力量、战略导弹力量进行一体化建设、管理和使用，形成空、天、弹一体的空军力量体系。

在"空军主导，联合航天"体制下，美国空军拥有、使用美军 90% 以上的航天力量和所有的战略导弹力量，包括 7 个航天联队、1 个航天大队和 1 个航天作战中心，总计 22700 余人，其中，陆军 500 人，海军 700 人；拥有导弹预警系统、运载火箭、洲际导弹、各类卫星等装备。所以，美国空军称为"航空航天军"或"空天军"。

美军"空军主导，联合航天"体制，不仅满足了空军空天一体作战的需求，而且也满足了陆军地面作战和海军海上作战的需求。空军主导，空、天、弹一体的组合方式，有利于发挥战略导弹力量的"威慑"作用、天基力量的信息"支援"作用和空中力量的主力军作用，符合信息化战争的规律。

（2）俄军模式

苏联和后来的俄罗斯军队在军事航天力量建设、管理与运用上，曾经采用两种不同的模式，即"弹天一体"模式和"独立天兵"模式。"弹天一体"就是将军事航天力量与战略导弹力量进行一体化建设；"独立天兵"就是将战略导弹防御力量与军事航天力量进行一体化建设与管理。

1965 年，苏军在战略火箭军编制内组建了航天器中央局，这一机构后改为航天器总局、航天器主任局，专门负责研制、发展和使用航天器，这是苏联军事航天力量建设和管理的最初模式，有军事专家将其称为"弹天一体"模式。

1992 年，在航天器主任局的基础上成立了独立兵种——军事航天部队，有军事专家将其称为"独立天兵"模式。1997 年，俄罗斯军队将军事航天部队与战略火箭部队、导弹防御部队重新合并；2001 年，俄军航天力量与导弹防御力量又从战略火箭军中分离，再次成为"独立天兵"。

俄罗斯军队的"独立天兵"模式，将战略导弹防御力量与军事航天力量进行统一建设与管理。这种模式被认为有利于利用战略导弹部队的技术基础发展航天力量，以及利用航天信息系统提升导弹防御部队防天、反导作战能力。但是，也有军事专家认为，这种体制不利于其他作战力量对天基资源的利用。

3 | 掌控临近空间的重要性

为实现空天一体化，掌控临近空间是一个非常重要的战略举措。临近空间（Near Space）是指距地面 20~100 千米的空间区域，包括平流层区域（18~50 千米）、中间层区域（50~80 千米）和小部分热层区域（80~800 千米），纵跨非电离层和电离层，是航空和航天空间之间的过渡区域，除了火箭偶尔穿越以外，那里是人类尚未开发的一片空白空间。正是因为临近空间所处的独特环境，使得其具有得天独厚的优势，这段区域的云雨天气少见，温度几乎不变，十分适合飞行器平稳飞行。在这里，临近空间飞行器既可以避免绝大部分地面攻击，同时也能够有效实施对地攻击和对航天器的打击，是进行空中军事活动的理想区域，发展潜力极大。

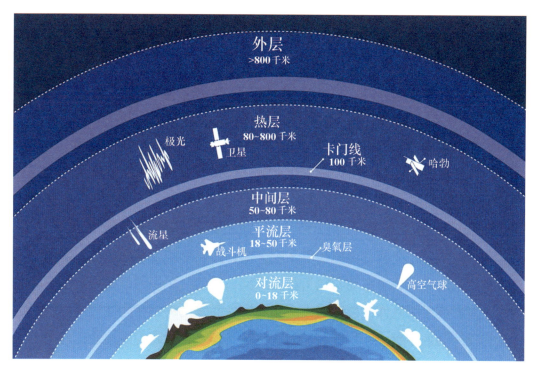

▲ 临近空间区域：平流层、中间层和部分热层

临近空间还有一大特点，就是气流平稳，环境稳定，这使得大多数临近空间飞行器能够借助风力、大气浮力、太阳能等自然能源，长时间飘浮在任务区的上空，从而降低能耗。由法国提出的斯特拉赛特稳定式无人飞艇载荷能力达1000 千克，能在临近空间连续执行长达 5 年的监视任务。

临近空间飞行器的出现不仅实现了空天领域的连接，还为防空反导作战提供了新的思路，如果搭载武器平台，将实现全球范围的快速打击，大大加快战争节奏。

在信息化战争中，面对瞬息万变的战场环境，对战场态势的动态监视显得尤为必要。飞行器搭载先进雷达，可以构成临近空间监测平台，实现全天时、全天候的监测。最具代表性的是美国计划推出的 SR-72 高超声速飞行器，该飞行器担负着情报收集、侦察监视和对敌攻击等任务，预计将在 2023 年实现首飞，2030 年投入使用。

未来战争中，夺取制信息权越来越关键，在复杂的电磁环境下，保证稳定安全的通信对掌握战争主动权具有重要意义。目前，军用通信信号易受干扰的问题一直影响着军队作战能力生成和发挥，而采用临近空间飞行器搭载通信设备构建的通信平台，不仅能够长时间持续工作，实现超视距通信能力，还能提供比卫星导航通信强度更大、保密性更好的信号。

根据飞行速度的不同，临近空间飞行器包括高动态临近空间飞行器和低动态临近空间飞行器。美国国防部与美国国家航空航天局共同研制的 X-30 飞行器就是典型的高动态临近空间飞行器，飞行速度快、机动性好，对指令反应灵敏。低动态临近空间飞行器工作时间长，在空间驻留周期长，而且载荷量大，可作为空间站和空间实验平台。据报道，美国计划在 30 千米的高空，打造一个由多个飞艇组成的永久性高空飘浮平台，用作太空飞船的高空中转站和补给站。

未来战争中，夺取制信息权越来越关键，在复杂的电磁环境下，保证稳定安全的通信对掌握战争主动权具有重要意义。目前，军用通信信号易受干扰的问题一直影响着军队作战能力的生成和发挥，而采用临近空间飞行器搭载通信设备构建的通信平台，不仅能够长时间持续工作，实际超视距离通信能力，还能提供比卫星导航通信强度更大、保密性更好的信号。

临近空间飞行器已经成为空天一体战的"利器"，上可制天、制空，下可制地、制海，是飘浮在飞行禁区的"悬顶之剑"。

随着现代高新技术的快速发展，信息对抗空间不再局限于陆地、海洋、低空，临近空间也已经成为现代战争的一个新战场，是国家安全体系的一个重要环节。而临近空间飞行器作为连接空天战场的有效纽带，将在未来空天一体联

▲ 临近空间飞行器

合作战中扮演至关重要的角色。

　　2017 年 10 月，我国自主研制的"旅行者 3 号"飞行器成功携带活体乌龟进入临近空间，开展实验任务和进行关键技术验证。这是全球首次由浮空器携带活体动物进入临近空间停留，标志着我国临近空间飞行技术达到了一个新的高度。

⭐ **知识总结**

写一写你的收获

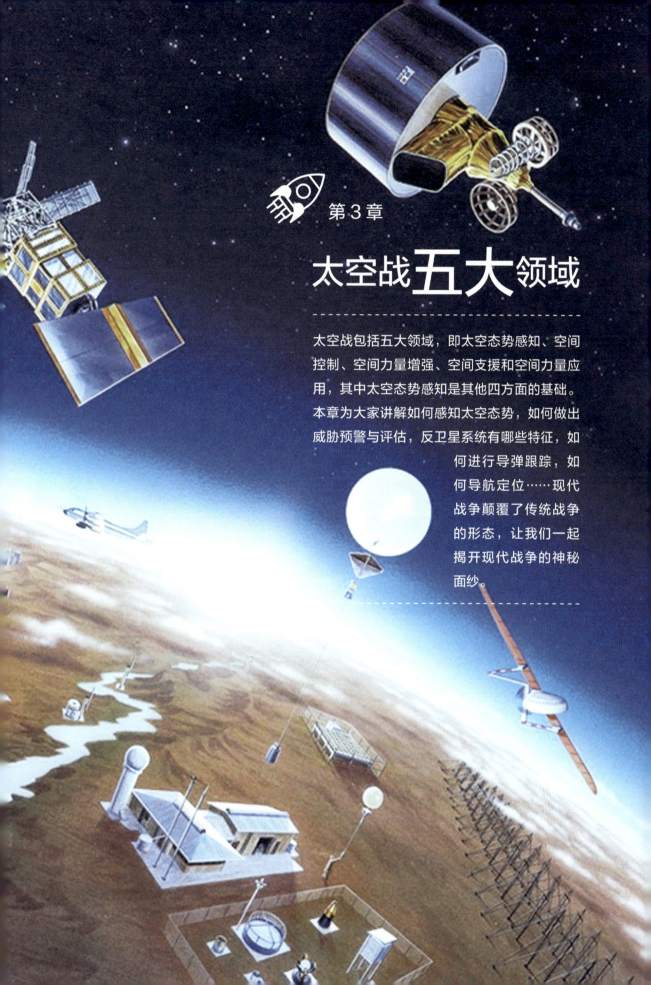

第3章
太空战五大领域

太空战包括五大领域，即太空态势感知、空间控制、空间力量增强、空间支援和空间力量应用，其中太空态势感知是其他四方面的基础。本章为大家讲解如何感知太空态势，如何做出威胁预警与评估，反卫星系统有哪些特征，如何进行导弹跟踪，如何导航定位……现代战争颠覆了传统战争的形态，让我们一起揭开现代战争的神秘面纱。

太空战由五大领域构成，即太空态势感知、空间控制、空间力量增强、空间支援和空间力量应用。其中太空态势感知是其他四方面的基础。

空间控制	空间力量增强	空间支援	空间力量应用
支持友军在太空活动自由，粉碎敌方干涉和打击敌人太空系统的企图，削弱敌人的能力 ·进攻性 ·防御性	从天基系统获得有价值信息，提高联合力量效率 ·情报观测与侦察 ·卫星通信 ·导弹预警 ·环境监测 ·导航战	战争支援服务 ·航天运输 ·卫星运行 ·太空力量重组	天基武器对地打击 ·弹道导弹防御 ·洲际弹道导弹

太空态势感知：所有其他任务领域的基础

探测／跟踪／辨别   描述特征
数据集成与开发   威胁预警与评估

▲ 太空战五大领域

太空态势感知

▶ 什么叫太空态势感知

说到太空态势感知，我们首先要了解"太空态势"包括哪些内容。所谓太空态势，就是与太空战有关的从地面到太空的状态和事件，包括以下内容：（1）在太空运行的卫星，要了解卫星的类型、轨道、国别、状态，试图接近己方卫星的卫星；（2）空间天气，包括空间天气的状态和变化、空间碎片的分布、对

▼ 太空态势感知示意图

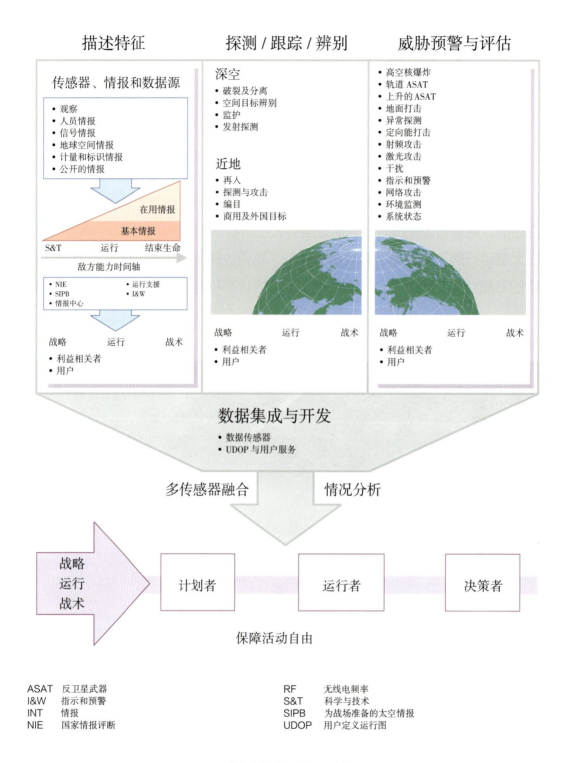

▲ 太空态势感知的四项功能

灾害性空间天气的预报;(3)地面目标,如军事部署、导弹发射和地形地貌等;
(4)对通信和导航卫星的干扰源。所谓"感知",就是要通过地面和太空的设
施及时了解上述因素的状态。

太空态势感知依赖于集成的空间监视、收集和处理,各类卫星系统的状况,
世界多国空间准备情况。它还包含利用情报来源,以洞察敌方对空间能力的使
用及其对己方空间能力的威胁。太空态势感知是空间控制的关键,因为它是实
现所有其他空间控制任务的推动者或基础。

在规划空间攻防行动前,需要全面掌握作战区域当前的形势,而这绝不是
一件简单的任务。其所涉及的范围(从数百千米到 35786 千米的地球静止轨
道)对太空态势感知提出了非同一般的技术挑战。

出于军事方面的考量,区分自然灾害和敌对空间行动与意图也是非常重要
的。空间所具有的高动能特性意味着在空间攻防对抗中不允许出现错误。由于
轨道的动力特性,空间中任何物体都处于运动中。因此,作为潜在战场的空间
并不仅限于太空的一小片领域或其中一部分,而是涉及整个太空。

太空态势感知的目的是提供空间威胁和要打击的目标的信息,其基本功能
是探测、跟踪与辨别,威胁预警与评估,描述特征以及数据集成与开发。

▶ 探测、跟踪与辨别

探测、跟踪与辨别(D/T/ID)的功能是寻找、发现、监视太空目标和事件,
从众多目标中辨别出特定类型的目标。基本作用是支援飞行安全,支援进攻性
和防御性空间控制。这就要求提供运行中心数据,产生通用的运行图,并呈送
给联合部队指挥官。

1 | 地基观测网

美国的地基空间目标观测网主要有"空间探测和跟踪系统"(SPADATS),
包括空军的"空间跟踪"(SPACTRACK)系统和海军的"空间监视"
(SPASUR)系统。美国在全世界范围内设立了 25 个雷达和光学电子台站,
主要观测仪器是光学望远镜和雷达。

Globus Ⅱ 是位于挪威和俄罗斯边界的一个雷达站,其雷达的蝶形天线直径

为 27 米。

末段高空区域防御（Terminal High Altitude Area Defense，THAAD），早期称为战区高空区域防御系统。这是美国陆军研发的一款采用动能击杀拦截短程和中程弹道导弹的末端防御系统，属于美国国家导弹防御部署的一环，旨在拦截非战术弹道导弹。

▲ 位于夏威夷的美国地基电子光学深空观测站

▲ Globus II 雷达

▲ 欧洲空间局的地面观测站

▲ 天基太空目标监视系统卫星

2 | 天基观测网

美国的天基太空目标监视系统（SBSS）是一个由 4～8 颗卫星组成的卫星星座，高度 1100 千米，设计寿命 5 年，能提供全天候、全天时的可视性，能够及时探测、收集、识别和跟踪从近地轨道到深空的空间目标。平均每天进行 1.2 万次深空观测，为卫星运营商提供了重大优势，有利于保护每天都依赖的宝贵太空资产。地球同步轨道太空态势感知计划（GSSAP）是由美国空军运行的计划，目的是由卫星提供其他在轨卫星的特征。这个计划的前 4 颗卫星已于 2014 年 7 月和 2016 年 8 月发射入轨。这些卫星能进行空间交会，以便接近指定的目标卫星，从最合适的观察点收集目标卫星的信息。

▲ GSSAP 卫星的轨道（围绕赤道在南北向移动）

▶ 威胁预警与评估

威胁预警与评估（TW&A）能预报和区分潜在的或实际的攻击、空间天气效应以及空间系统异常，并能提供友军的状态。主要作用是直接支持进攻性空间控制和防御性空间控制，向联合部队指挥官提供关于空间能力的评估和潜在威胁的预警。

威胁预警与评估所涉及的任务是多方面的，包括监视核爆炸、轨道反卫星武器、定向能武器攻击、激光武器攻击、电磁干扰源、网络攻击和军事空间天气保障。

1 │ 监视核爆炸。包括监视高空核爆炸和地下核爆炸。监视高空核爆炸相对比较容易，用各类侦察卫星都能及时发现和确定爆炸位置。监视地下核爆炸在技术上有一定的困难，因为地震效应可能源于自然地震、火山爆发和地下核试验等。但现在科学家已经找到了从各种地震波中辨别出地下核试验的方法。

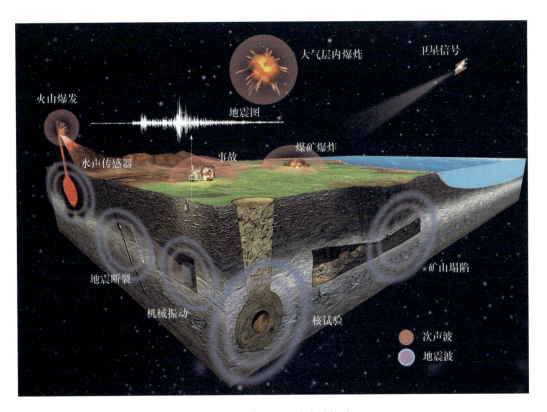

▲ 地震传感器记录的多种扰动

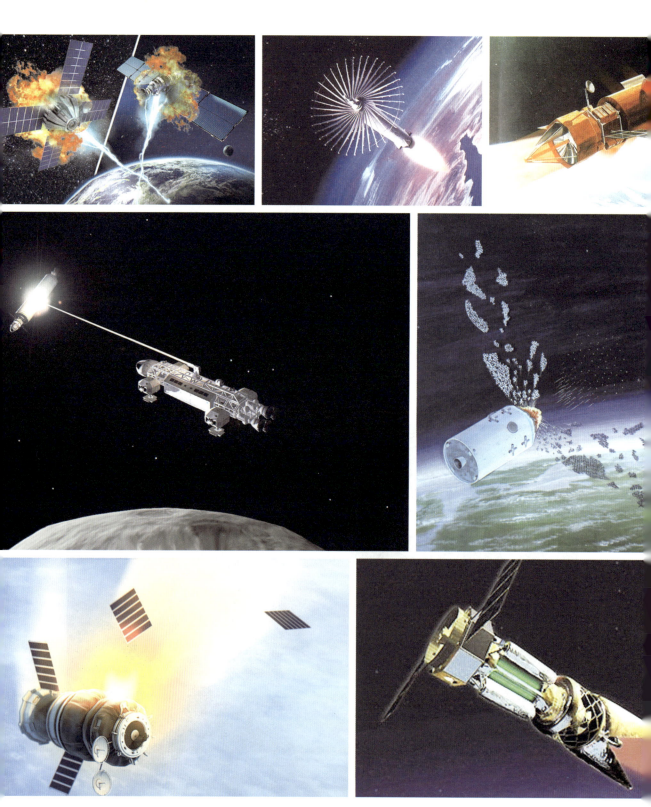

▲ 轨道反卫星系统

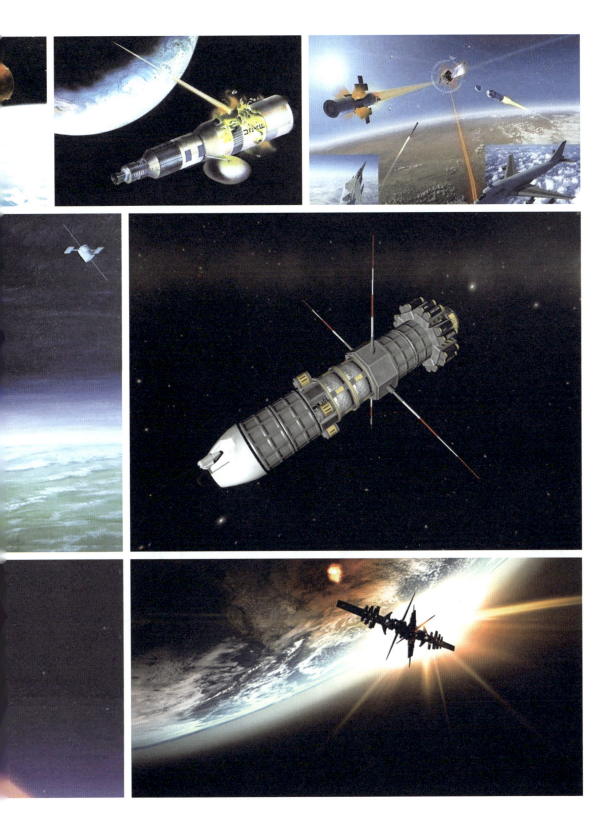

2 │ 轨道反卫星武器。运行在地球轨道上的反卫星武器，主要指反卫星卫星。手段主要有：在反卫星卫星上装有杀伤性武器，如导弹、激光等，将对方的卫星摧毁，使其失去作用。利用无线电干扰的办法（电子对抗），即卫星不断地发射强大的无线电波，用于干扰对方的通信，使其指挥失灵，线路中断。寄生卫星：利用主卫星携带很多颗小型卫星，当接近敌方卫星时可将小型卫星释放出来，并附着在敌方卫星上，利用小型卫星配备的干扰电波或炸药予以破坏。

3 │ 定向能武器。定向能武器是一种远程武器，可以用高度集中的能量（包括激光、微波和粒子束）对目标造成伤害。这项技术的潜在应用包括针对人员、导弹、车辆和光学设备的武器。

4 │ 军事电磁干扰。指有意引起电磁干扰，阻碍或以其他方式降低或限制电子和电气设备活动的有效性能。

5 │ 网络攻击。网络攻击是指针对计算机信息系统、基础设施、计算机网络或个人计算机设备的任何类型的进攻动作。在计算机和计算机网络中，破坏、揭露、修改数据，使软件或服务失去功能，在没有得到授权的情况下偷取或访问任何一计算机的数据，都会被视为对计算机和计算机网络的攻击。

▲ 军事电磁干扰

▲ 网络攻击示意图

浏览器攻击：浏览器攻击通常始于合法但易受攻击的网站。攻击者入侵该网站，并用恶意软件感染它。当新的访问者（通过 WEB 浏览器）到达时，受感染的站点试图利用浏览器中的漏洞将恶意软件强行植入系统。

强力攻击：强力攻击类似于踢开网络的前门。攻击者试图通过反复试验来发现系统或服务的密码，而不是试图欺骗用户下载恶意软件。这些网络攻击可能会耗费时间，所以攻击者通常使用软件来自动输入数百个密码。

拒绝服务攻击：试图用大量的流量淹没资源，如网站、游戏服务器或域名服务器。通常的目标是使系统变慢或崩溃。

蠕虫病毒攻击：恶意软件通常需要用户交互才能开始感染。例如，用户可能下载了恶意电子邮件附件、访问受感染的网站或将受感染的 U 盘插入机器。蠕虫攻击会自行传播。它们是自我传播的恶意软件，不需要用户交互。通常，它们利用系统漏洞在本地网络内外传播。

恶意软件攻击：恶意软件又称"流氓软件"，一般是指通过网络、便携式存储设备等途径散播的，故意对个人计算机、服务器、智能设备、计算机网络等造成隐私或机密数据外泄、系统损害、数据丢失等非使用预期故障及信息安全问题，并且试图以各种方式阻挡用户移除它们，如同"流氓"一样的软件。就定义来说，计算机病毒、计算机蠕虫、特洛伊木马、勒索软件、间谍软件、恐吓软件、利用漏洞运行的软件，甚至是一些广告软件，也被囊括在恶意软件的分类中。

扫描攻击：扫描不是直接的网络攻击，而是攻击前的侦察。攻击者使用广泛可用的扫描工具来探测面向公共的系统，以便更好地理解现有的服务、系统和安全性。

▶ 描述特征

描述特征就是确定战略、战术、意图和活动的特征，包括所有空间系统以及由这些系统引入威胁的特征和参数；向联合部队指挥官和其他决策者提供知识和信心。

为了获得相应系统的特征，需要利用各种类型的传感器，获得多方面的情报。但获得这些系统的特征绝非易事，因为在轨卫星可能根据需要进行轨道机动，对自己的意图进行伪装，还可以采取隐身技术。

不定期地进行轨道机动，可以避免对方弄清己方卫星的轨道，这种方式对侦察卫星尤其重要。轨道机动只是对抗攻击的措施之一。另一种措施是加大其他卫星观测到己方卫星的难度。航天发射通常是引人注目的事件，将会产生能够推断出卫星初始轨道的丰富数据。一旦进入一个稳定轨道后，用于轨道机动的低动力推进系统能够使轨道产生细微的变化，从而隐藏卫星的最终任务轨道。如果卫星能够被轻易地探测到并重新计算出新轨道，那么为掩饰卫星任务轨道所做的努力将付诸东流。隐身技术是卫星规避被探测和攻击的另一种措施，对于任何一个使目标可能被探测与跟踪的特征，均有先行的方法使之降低到无法被察觉的水平。卫星跟踪主要是通过光学望远镜和大功率雷达来进行，这意味着卫星隐身技术可能会关注于减少光学和雷达特征。

还有人设想采取可展开屏障的形式防止卫星受到地面观测，从而实现卫星隐身。

▶ 数据集成与开发

数据集成与开发（DI&E）能融合、集成多源数据到可修改的通用运行图。这也将增强太空态势感知的其他三方面能力，并能辨别和集成多数据和信息源，为太空态势感知服务。这些功能对于联合部队指挥官和其他决策者是非常有用的。数据集成与开发可提供的信息技术能力包括：

1 | 跨越多组织、多任务寻找和发现更好的数据和信息源；

2 | 快速将数据集成到实时的太空态势感知运行中心；

3 | 使操作员和指挥员能辨别发生的变化；

4 | 根据用途回收、处理和存储数据。

空间力量应用

空间力量应用包括太空武器对地面目标攻击、地面对太空设施攻击、太空对太空目标攻击以及弹道导弹防御四个方面。

▶ 太空对地打击系统

太空对地打击主要武器是天基动能武器，美国人称之为"上帝之杖"。使用重量达数吨的钨、钛或铀金属棒状弹体，可穿过大气燃烧阶段，将这些棒状物

▲ 上帝之杖

加装小型助推火箭加速，之后部署于大型人造卫星上扔下，其产生的动能撞击可以比拟小型核武器。这种武器反应速度快、命中精度高，威力大小通过弹体质量容易调整。

▶ 地面攻击卫星

从地面攻击卫星的武器主要有地面发射的反卫星导弹和机载激光武器。

反卫星导弹是使用导弹攻击环绕地球轨道的人造卫星的武器系统。导弹可以由地面或者是水面的发射平台发射，或者是由航空或太空飞行器在运到较高的高度之后发射。反卫星导弹针对的是军用卫星，尤其是在低轨道上的侦察、电子情报搜集以及海洋侦测卫星等。

比较有名的公开发展与测试是美国以 F-15 鹰式战斗机为发射载具，进行反卫星导弹的研究和试验。这个计划的起源是对应当时苏联开发的反卫星卫星计划。1979 年渥特（Vought）公司获得一份研发空载反卫星导弹的合约，渥

▼ 反卫星导弹

特公司利用 SRAM-A 导弹的推进段作为第一段，Altair Ⅲ 火箭作为第二段，加上红外线寻标器以及撞击弹头，共同组成 ASM-135A 反卫星导弹。这枚导弹重达 1180 千克，由 F-15 爬升到 11612.88 米高空发射，导弹的弹头没有炸药，纯粹以撞击的方式摧毁卫星。弹头采取自旋稳定，并且以 36 个小火箭协助修正航向。拦截高度至少可以达到 560 千米的轨道。20 世纪 80 年代初期先由 F-15 携带导弹进行试验飞行，直到 1984 年才进行第一次试射，包括随后的三次试射，这些导弹都是瞄准预先设定的坐标而不是人造卫星。对卫星的试验发射只在 1985 年 9 月 13 日进行过，目标是一颗 1979 年发射的伽马射线观测卫星 Solwind P78-1。这颗卫星虽然已经完成预定的任务，不过仍旧继续传送观测资料。试验的结果很成功，弹头完全摧毁了这枚卫星。虽然整个计划进行得很顺利，但是担心这项发展会违反美国和苏联之间不研发和测试反卫星武器的协议，国会也不同意继续试验，尽管有 20 架 F-15 已经进行必要的改装工程，整个计划还是在 1988 年正式终止。

根据国内媒体报道，"鲲鹏 7 号"是中国新一代运载火箭，由中国航天科工集团研制。2013 年 5 月 13 日中国成功进行第二次空间环境垂直探测及空间科学主动试验运载。这次主动式的试验与之前在海南进行的空间探测试验相比，探测高度有了较大提高，由数百千米提升到 10000 千米以上；搭载了更多的科学探测仪器，获取的数据涉及空间范围更广、数据量更多。初步分析表明，此次试验已获取了不同高度上空间环境参数垂直分布的第一手科学数据，对空间科学研究具有十分重要的价值。

▶ 天基反卫星系统

天基反卫星武器的种类比较多，目前见于报道的有反卫星的卫星、卫星捕获器、太空雷、微纳卫星撞击器以及电磁脉冲武器等。但目前都没有正式投入使用，还处于设想阶段。

从目前技术水平来看，这些设想是有一定的技术基础的。例如，美国国防部高级计划局的"轨道快车"（Orbital Express）计划，其目的是通过在轨服务和燃料补给来延长卫星的寿命，这样就可以解决当与目标交会，并用小型机

械臂来控制各种各样的地方卫星时，因消耗燃料过多缩短卫星寿命的问题。另一个小卫星计划是美国空军的"第二代实验卫星系统"，由于该计划用于研究对在轨卫星的监视，这一目的引发了较大争议。"第二代实验卫星系统"经过简单改进就很容易变成反卫星武器。

▲ 轨道快车在轨示意图

欧洲的"在轨寿命延长航天器"（CX-OLEV）转成武器后将会带来更大的威胁，是一种可怕的反卫星武器。它能够锁定一颗非合作卫星，并推动其离开运行的轨道，这样就实施了对卫星的攻击，也不会产生大量碎片。

从上面的介绍可以看出，目前美国和欧洲正在研发的捕获卫星技术，可以轻而易举地用作反卫星武器。

▶ 弹道导弹防御

弹道导弹防御系统是拦截敌方来袭的战略弹道导弹的武器系统，由预警系统、目标识别系统和反弹道导弹组成。

弹道导弹预警系统用于早期发现来袭的弹道导弹并根据测得的来袭导弹的运动参数提供足够的预警时间，同时给己方战略进攻武器指示来袭导弹的发射阵位，所以它是国家防御系统中的一个重要组成部分。对弹道导弹预警系统的主要要求是：预警时间长，发现概率高，虚警率低，目标容量大，并能以一定的精度测定来袭导弹的轨道参数。

天基红外系统（SBIRS）是美国研发的导弹预警系统，卫星分布在地球同步轨道、高地球轨道和低地球轨道。到 2018 年 1 月，共发射了 10 颗卫星。

SBIRS High 现在用 SBIRS 表示，SBIRS Low 现在用 STSS 表示，意思是"空间跟踪与监视系统"。

▲ 在轨寿命延长器

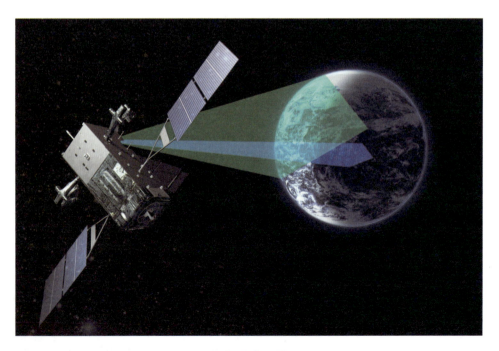

▲ SBIRS 卫星

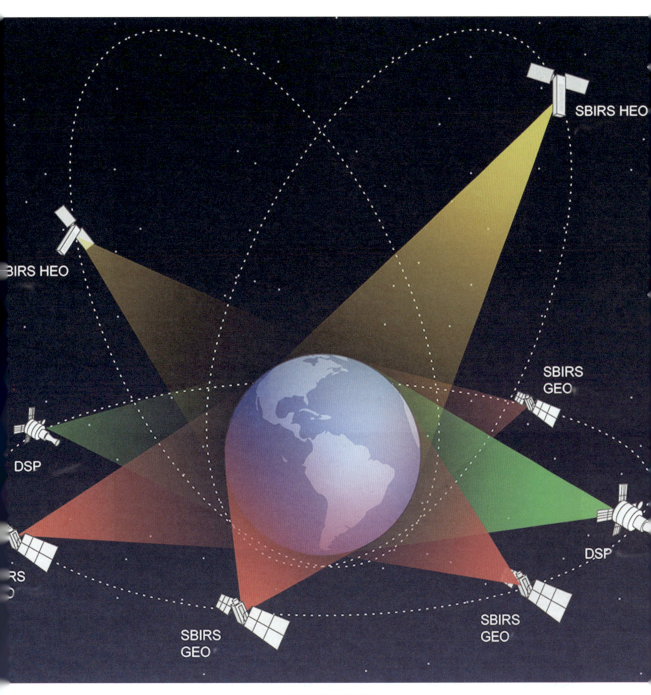

▲ 天基导弹预警系统

DSP 为国防卫星计划卫星，SBIRS HEO 为红外高轨道卫星

▲ STSS 卫星

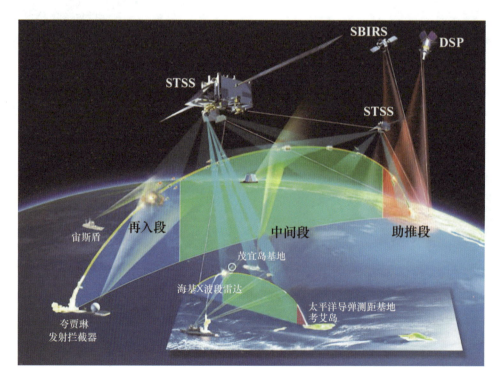

SBIRS

DSP

STSS

STSS

宙斯盾

再入段

中间段

助推段

茂宜岛基地

海基X波段雷达

太平洋导弹测距基地
考艾岛

夸贾琳
发射拦截器

▲ 中段拦截

 # 空间力量增强

　　航天与信息科技在军事领域内的结合衍生出了空间力量增强的概念。尽管力量增强这一概念一直与卫星的军事作战效能发展紧密联系在一起，但已很难追溯这一概念提出的确切时间。空间系统最初的主要功能是保障战略威慑力，而将其直接应用于作战是空间系统新的军事用途。简而言之，力量增强是指产生或促进更具有战斗力和更高效率的军事力量应用的能力。

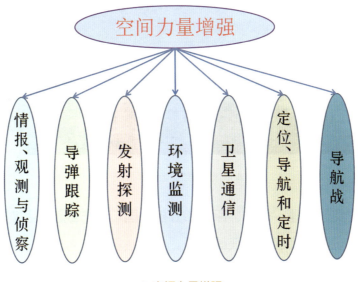

▲ 空间力量增强

　　空间力量增强是描述在轨卫星系统对地基平台和武器系统效能倍增作用的总称。太空的优势在于，远远高于陆地的最高点，是信息收集和快速分发的最佳位置。精确作战依赖于丰富、优质信息的获取。这里所说的信息，不仅仅是潜在威胁和敌对目标的信息，也包括己方和盟军作战部队的信息。

　　空间力量增强包括情报、观测与侦察，导弹跟踪，发射探测，环境监测，卫星通信，定位、导航和定时以及导航战七个方面。

▶ 情报、观测与侦察

从太空监测感兴趣的区域，提供敌方位置、部署、意图和目的等信息。从太空监测大规模杀伤性武器，确定这类武器的特征和位置以及是否可能成为化学、生物、发射性武器以及核污染的源。

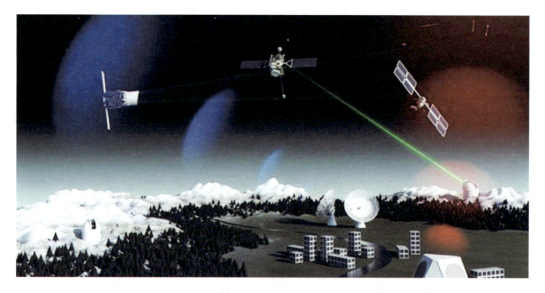

▲ 情报、观测与侦察系统

情报：收集、处理、集成、评估和分析外国、敌方或潜在敌对势力的信息，科技系统通过观测和侦察活动获得情报。

观测：空间系统对空中、表面或表面以下区域提供系统的观测。来自空间的观测不只是单颗卫星，而是多颗卫星，包括低轨卫星和地球同步轨道卫星，对目标能监测的时间分辨率是分钟的量级。

侦察：侦察能获得敌方活动的实时信息，方式包括照相侦察和电子侦察。

▶ 导弹跟踪

导弹跟踪包括天基系统、地基系统、关联中心系统和战斗指挥决策系统，这些系统能提供实时的导弹预警信息，并能确定导弹事件的特征，包括发射、中途跟踪和末端再入。

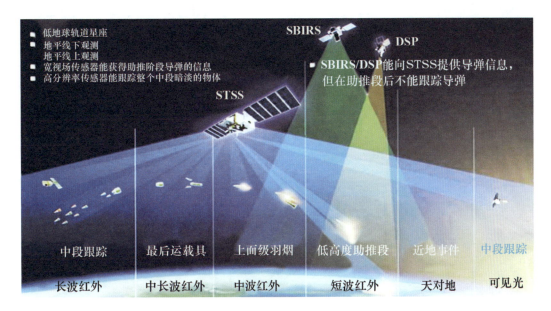

- 低地球轨道星座
- 地平线下观测
  地平线上观测
- 宽视场传感器能获得助推阶段导弹的信息
- 高分辨率传感器能跟踪整个中段暗淡的物体

SBIRS

DSP

SBIRS/DSP能向STSS提供导弹信息，但在助推段后不能跟踪导弹

STSS

中段跟踪	最后运载具	上面级羽烟	低高度助推段	近地事件	中段跟踪
长波红外	中长波红外	中波红外	短波红外	天对地	可见光

▲ 导弹跟踪

▶ 空间发射探测

天基和地基传感器提供实时的或发射后的分析，以便确定航天器的轨道特征以及与在轨其他航天器的潜在关系。发射探测数据用于评估可能直接或间接威胁本国或盟军空间系统的事件。

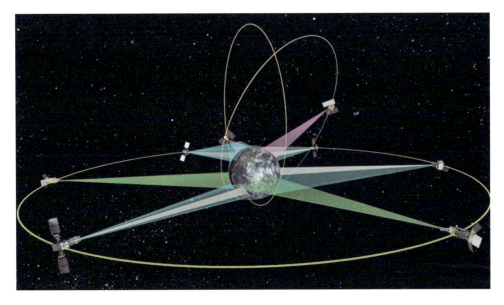

▲ 天基探测发射

▲ 空间环境探测

▶ 空间环境探测

　　与军事活动有关的空间主要指从 100 到 36000 千米之间的空间范围。空间环境状态直接受太阳活动的影响，研究空间环境变化的学科称为"空间天气学"。空间天气对军事活动的影响包括：空间天气对军事航天的效应、电磁脉冲弹—电离层—电磁波传播、不同高度大气层对激光束的衰减效应、空间环境对粒子束武器的影响、使敌方卫星失效的措施、什么样的小行星可作为太空武器、电离层局部加热可能对太空武器产生什么效应。环境探测包括地基探测、探空火箭探测和各类空间天气卫星探测。

▶ 卫星通信

　　无线电通信使用电磁波来传递信号，这些波是直线传播的。通信卫星的目

的是通过传递地球表面的信号来实现地面远距离的通信。

卫星轨道离地很高，天线波束能覆盖地球广大面积，且电波传播不受地形限制，能实现地面远距离通信。卫星装有由接收和发射设备组成的转发器，将收到的信号经放大、移频后发射给地面；轨道高度和倾角可有多种，但常用的是地球静止轨道；如果用 3~4 颗地球静止轨道上的通信卫星组网，可以实现全球实时通信；这种卫星除了具有人造卫星一般的分系统设备外，还装有通信转发器、对地姿态稳定控制、对地定向天线、卫星位置保持等分系统设备。

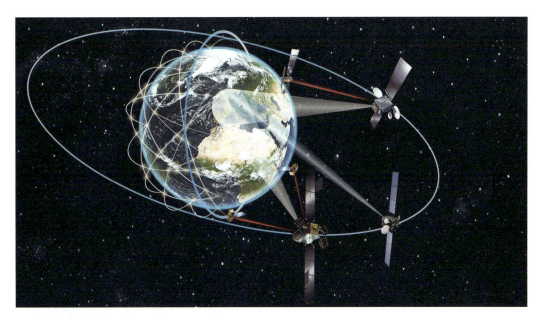

▲ 卫星通信

通信卫星的轨道通常有三种基本类型：

1 地球静止轨道（GEO），距离地球表面 35786 千米。GEO 轨道有一个特点，当观测者从地面观察该轨道上的卫星时，卫星的视位置不会发生变化，看上去像是在天空中固定不动的。这是因为静止轨道卫星的轨道周期和地球自转周期正好一致。该轨道的优点是，地面站的天线可以固定地朝向卫星所在的位置，而不必转动天线来跟踪卫星。

如果卫星运行在比地球静止轨道低的轨道上，则所需的信号传输功率就可以小些，但是信号的覆盖范围会缩小，要想实现完全覆盖就需要一个更大的星座。

2 中地球轨道（MEO），距离地球表面较近，轨道高度为 2000 千米到

35786 千米。

3 | 低地球轨道（LEO），低于中地球轨道，距地球表面 160 千米到 2000 千米。在这个轨道上需要数十颗甚至上百颗卫星组成的星座才能实现全球覆盖。

▶ 定位、导航和定时

天基定位、导航和定时提供必要的、准确的和可靠的信息，保证联军更有效地计划、训练、协调和执行任务。确定的定位、导航和定时信息是现代武器的基本元素。准确定时为联军提供同步行动的能力、密码同步变化的能力，这对提高通信安全和效率是至关重要的。

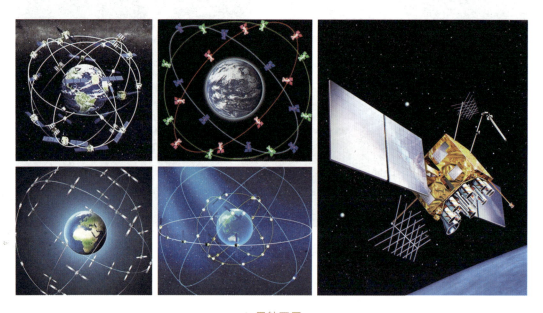

▲ 导航卫星

▶ 导航战

导航战的意思是通过协调、整合及同步空间、网络和电子战行动，保证友军使用定位、导航和定时信息，同时防止敌人使用这些信息。导航战还能增强情报、观测和侦察能力以及电磁波谱管理能力。

 # 空间支援

空间支援任务包括在整个军事活动范围内管理和支撑所有空间力量的基本能力、功能和活动。

▶空间运输

空间运输是将卫星、有效载荷以及物资送入太空的能力，包括运输操作和范围操作。

运输操作包括部署、维持、增加或重组卫星星座，以支持军事活动或国家安全目标。在有些情况下，使用商业发射工具对增强国防发射能力可能是有利的，这有助于发展国家商业空间产业。

范围操作包括提供操作支持、发射交通控制和为空间运输排定程序。

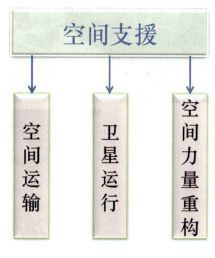

▲ 空间支援

▶卫星运行

卫星运行包括航天器操作和有效载荷操作。航天器操作包括遥测、跟踪和指挥（TT&C），机动，监控状态和维护子功能。TT&C 是监视航天器系统的过程，将这些系统的状态传输到地面的控制段，并接收和处理来自控制部分的指令。有效载荷操作包括监测和指挥卫星有效载荷来收集数据或在运行环境中提供在轨服务能力。卫星操作是通过一系列卫星操作中心，通过专用和共享网络连接到轨道上的资产。一些系统利用专用天线进行任务数据检索和常规卫星 TT&C。

交会和靠近操作是两个特殊的过程，目的是使两个航天器靠近甚至对接。

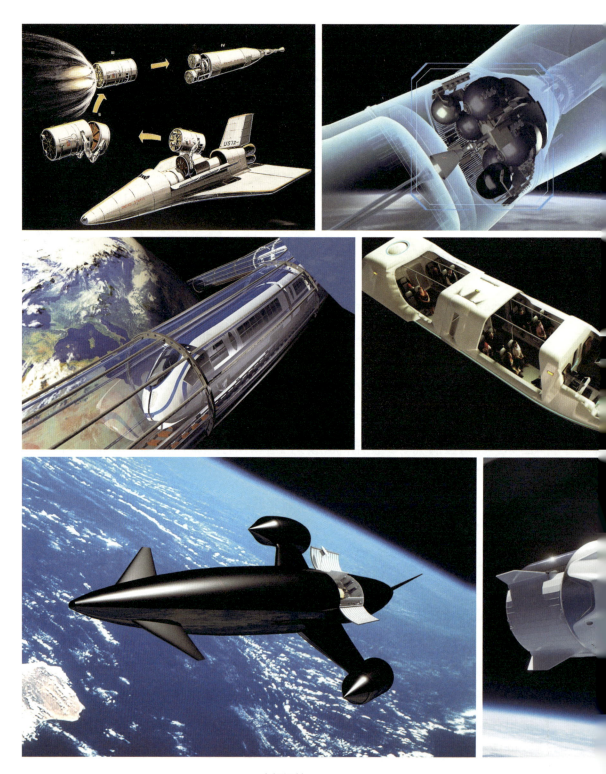

▲ 空间运输

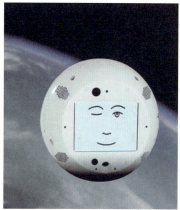

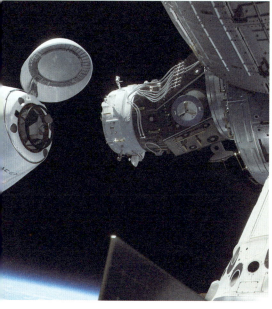

交会和靠近也用于提供关于卫星活动的信息，减少发生碰撞的风险。未来，空间交会技术也将用于捕获对方的军事卫星。在轨服务能力包括检查、修理、更换部件和补充航天器的消耗品（如燃料、流体和制冷剂）。

▶ 空间力量重构

空间力量重构指补充能力损失和能力减弱的计划和操作，包括重新定位、重新配置未受影响的部件、增加民用和商用能力。

 # 空间控制

空间控制支持盟军在空间的自由行动，在必要时，使敌人干扰和攻击己方空间系统的努力失效。空间控制的基础是太空态势感知，主要包括进攻性空间控制和防御性空间控制。

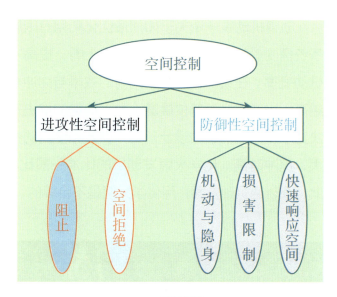

▲ 空间控制

▶进攻性空间控制

进攻性空间控制是防止敌人怀有敌意地使用本国的空间系统，使敌人用于干扰和攻击本国空间系统的努力失效。

1 ｜ 阻止。不让敌方怀有敌意地使用本国的空间系统为他们的空间操作服务，包括采取外交、信息、军事和经济措施。例如，外交措施可以是说服商业卫星通信公司终止商业卫星通信为敌方服务。

2 ｜ 空间拒绝。采取主动防御和攻击性措施以欺骗、瓦解、降级、拒绝和毁坏敌方的空间能力。

▶防御性空间控制

防御性空间控制定义为这些操作：通过主动和被动的活动保护开发太空；保护友军的卫星通信和空间能力免受攻击、干扰和自然灾害的影响，如空间碎片、无线电干扰以及辐射；强大的防御性空间控制能力影响敌人对己方空间能力的认知，使敌人在妨碍这些能力方面失去信心。

1 | 轨道机动与隐身

　　广袤的太空在战术层面的应用要比目标观测和跟踪更具有挑战性。地球表面与潜在的在轨目标之间的距离，为潜在在轨目标提供了许多保护方式。通过轨道机动避免被拦截在许多方面都要比成功实施一次空间攻击容易。

　　轨道机动是一个关于如何最优化利用有限质量和容量的问题。大部分推进系统需要消耗燃料，因此，从直观上看，提高发动机燃料的使用效率将会增加机动概率。在某种程度上，火箭的效率与比冲有关，比冲越大，火箭效率也就越高。比冲定义为单位重量（力）流量的推进剂产生的推力，单位是秒。比冲决定于发动机的结构设计、工作参数和使用的推进剂。工作介质喷射流速度越大，比冲越高。化学火箭发动机的比冲一般比较低，在250~500秒之间，因此，在轨道机动方面，用化学火箭是不合算的。

▲ 电火箭发动机点火

电火箭也称等离子体火箭，它的工作原理与传统的化学火箭不同。化学火箭是利用燃烧剂在氧化剂中剧烈燃烧所产生的强大推动力；而电火箭通常是把中性气体电离，产生等离子体，里面含有电子和离子，在发动机上施加一个电场，离子受到电场力的作用飞出发动机，从而产生推动力。电火箭的突出优点是比冲高，是化学火箭的几倍甚至几十倍，一般可达到 3000 至 5000 秒；所需推进剂重量降低，最终速度高。用电火箭做轨道机动以及卫星的姿态控制是未来的发展方向。

轨道机动只是对抗攻击的措施之一。另一种措施是有意加大其他卫星观测到己方卫星的难度。航天发射通常是引人注目的事件，将会产生能够推断出卫星初始轨道的丰富数据。一旦进入一个稳定轨道后，用于轨道机动的低动力推进系统能够使轨道产生细微变化，从而隐藏卫星的最终任务轨道。如果卫星能够被轻易地探测到并重新计算出新轨道，那么，为掩饰卫星任务轨道所做的努力将付诸东流。降低可探测性，或者称为隐身技术，是卫星规避攻击的另一种措施。

其实，隐身技术人们并不陌生，因为经常听说隐身战斗机，如我国的歼 -20。卫星的隐身原理与此类似，主要是卫星表面材料放光性低，不易被光学望远镜发现；另外，表面涂特殊材料，这种材料能吸收雷达波，因此雷达难以发现和跟踪。

2 | 损害限制

躲避和隐身迟早会在防止卫星受到攻击方面失效，接着就是降低受损程度。从某种意义上讲，卫星会持续受到来自自然环境的损害，许多卫星保护计划来源于已知空间飞行器加固技术。从破坏机理的角度来说，攻击和自然损害的唯一区别就是意图。

在轨卫星时刻处于辐射环境之中，在时间足够长的情况下，将损坏其计算机系统。为预防这种后果的发生，应该采用多种方法使电子设备能够耐受这种辐射环境。采用的办法是加强辐射效应屏蔽和冗余备份，以及通过软件纠错来捕获和修正所产生的数据破坏等。

其实，空间辐射只是航天器所面对的灾害性空间天气的一个方面，其他灾害还有卫星内部充电、表面充电、单粒子效应和空间碎片撞击等。避免和减轻

灾害的方法是在设计卫星时就要考虑这些因素。

卫星针对攻击所采取的加固措施远不及坦克和军舰。卫星要综合考虑任务有效载荷和卫星平台通用支持系统之间的配置。卫星受到攻击在所难免，但并不意味着放弃使用空间力量。

3 | 快速响应空间

现代化战争中，军用卫星均大显身手。但由于卫星自身的脆弱性以及缺乏反应能力，使其无法应对未来的挑战，"太空快速响应作战"由此应运而生。其主要思想是准确、快速、经济地将载荷送入太空，为作战人员提供实时的空间战役与战术支持。

早在 2002 年，美国空军就提出"太空快速响应"一词，其概念重点强调在接到需求命令后，全部的开发工作可在 6～9 个月内完成，保证从提出作战需求到航天器部署完毕，只需要几天或者几周时间。

计算机与小卫星推进等技术的发展，使一些现有技术和改进技术在小卫星方面得到应用，但是小卫星却不能像大卫星一样得到同样必要的加固防护。尽管这样，小卫星采取了其他的用于规避和减轻攻击效果的措施。小卫星本身难以被发现和跟踪，其发射成本低，而且允许使用小型、更简单的运载火箭。

小卫星并不一定意味着能力的降低，在许多高技术应用中，大的单块集成电路系统正在被协同工作的较小单元系统组合所替代，后者能够达到同样的或更优的效果，而且往往总成本更低、速度更快。

实现快速响应空间的一个重要措施是发展新的运载工具。

2012 年 11 月，中国学者提出了"应急空间飞行器"的概念。这种飞行器是一类快速集成、快速入轨、具有星箭一体化特点的新概念飞行器。常规空间飞行器通常是研制 1 颗，生产 1 颗，发射 1 颗，而应急空间飞行器的特点决定了它与导弹武器一样，可批量生产，长期贮备，一次性使用。2013 年 9 月 25 日，我国用"快舟"小型运载火箭，成功将"快舟一号"卫星发射升空。在未来的太空作战中，一旦敌方将我方卫星击毁，我方可以通过快速反应的卫星发射系统迅速补充损失卫星。当敌方卫星进入我方预警范围，则可以通过快速反应的卫星将其捕获或摧毁。未来战争，这种快速补星系统的应用前景可谓极其广阔。

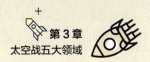
知识总结

写一写你的收获

第 4 章

新概念太空武器

太空战离不开各种高科技武器的支持。本章介绍各种
新概念太空武器——高能激光武器、动能拦截弹、高
超声速武器、空天飞机、电磁脉冲武器，这些新概念
武器有哪些"独门绝技"？让我们拭目以待。

高能激光武器

▶ 什么叫激光

我们的日常生活离不开光，因为没有光，我们只能生活在黑暗的世界。日常生活中最重要的光来自太阳。也有多种形式的其他光源，如电灯等。从发光的机理方面说，有热效应、原子跃迁发光和辐射发光。

我们这里介绍的激光是原子受激辐射的光，激光的特点大致有四方面：

1 | 定向发光：普通光源是向四面八方发光。要让发射的光朝一个方向传播，需要给光源装上一定的聚光装置，如汽车的车前灯和探照灯都是安装有聚光作用的反光镜，使辐射光汇集起来向一个方向射出。激光器发射的激光，天生就是朝一个方向射出，光束的发散度极小，大约只有 0.001 弧度，接近平行。1962 年，人类第一次使用激光照射月球。地球离月球的距离约 38 万公里，但激光在月球表面的光斑不到两公里。若以聚光效果很好，看似平行的探照灯光柱射向月球，按照其光斑直径将覆盖整个月球。

2 | 零度极高：在激光发明前，人工光源中高压脉冲氙灯的亮度最高，与太阳的亮度不相上下，而红宝石激光器的激光亮度，是氙灯的几百亿倍。因为激光的亮度极高，所以能够照亮远距离的物体。红宝石激光器发射的光束在月球上产生的照度约为 0.02 勒克斯（光照度的单位），颜色鲜红，激光光斑肉眼可见。若用功率最强的探照灯照射月球，产生的照度只有约一万亿分之一勒克斯，人眼根本无法察觉。激光亮度极高的主要原因是定向发光。大量光子集中在一个极小的空间范围内射出，能量密度自然极高。

3 | 颜色极纯：激光的颜色取决于激光的波长，而波长取决于发出激光的活性物质，即被刺激后能产生激光的那种材料。刺激红宝石就能产生深玫瑰色的激光束，它应用于医学领域，比如用于皮肤病的治疗和外科手术。公认最贵重的气体之一的氩气能够产生蓝绿色的激光束，它有诸多用途，如激光印刷术，在显微眼科手术中也是不可缺少的。半导体产生的激光能发出红外光，因此我

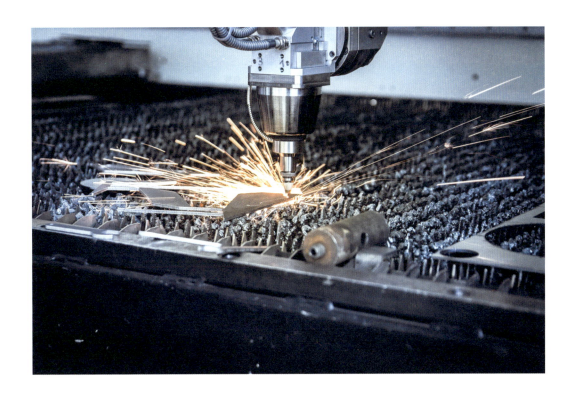

们的眼睛看不见，但它的能量恰好能"解读"激光唱片，并能用于光纤通信。

4 | 能量密度极大：光子的能量是用 $E=h\nu$ 来计算的，其中 h 为普朗克常量，ν 为频率。由此可知，频率越高，能量越高。激光频率范围为 3.846×10^{14}Hz 到 7.895×10^{14}Hz。激光能量并不算很大，但是它的能量密度很大（因为它的作用范围很小，一般只有一个点），短时间里聚集起大量的能量，因此适合作为一种武器。

激光是 20 世纪以来继核能、电脑、半导体之后，人类的又一重大发明，被称为"最快的刀""最准的尺""最亮的光"。激光应用很广泛，主要有激光打标、激光焊接、激光切割、激光通信、激光光谱、激光冷却、激光测距、激光雷达、激光唱片、激光指示器、激光矫视、激光美容以及激光武器等。

▶ 高能激光武器需具备哪些条件

激光武器确实具有一般武器所不具备的优势，但未来的发展前景如何？是否用于拦截弹道导弹，攻击太空的卫星？为了回答这些问题，就需要了解激光

武器的功率与哪些因素有关。

能用于实战的激光叫做高能激光，按照美国国防对高能激光的定义：平均输出功率至少是 20 千瓦，或脉冲能量至少是 30 千焦的激光武器称为高能激光武器。具有大功率潜能的固体激光器、气体激光器、化学激光器进入了人们的视野。

世界上第一台激光器就是红宝石激光器，它属于固体激光器中的一种，以红宝石、石榴石等晶体或特殊的玻璃作为工作物质。固体激光器结构紧凑、牢固，因此，首先在军事上得到了广泛应用。早期坦克上的测距仪就多以石榴石激光器为核心。不断加大输入红宝石、石榴石中的能量，就能制造出激光炮吗？问题又出现在了热量上。固体激光器的输出功率达到几十千瓦，在发射过程中作为工作物质的玻璃棒和晶体棒会产生高温，这种高温不容易散发，所以一次发射后晶体棒和玻璃棒会由于高温而产生严重形变，这会使随后发射光束变得不再集中，而使能量产生分散，这样光束的能量就不再集中而有效。

但是，这种激光器用于攻击一些近距离的小目标，比如无人机、炮弹、地雷还是很理想的，特别是在扫雷方面，固体激光器烧毁地雷所需要的能量，千瓦级就足够了。美国就曾分别研制了功率 500、1000 瓦的石榴石激光器，装在悍马车顶上照射数百米范围内的地雷，后来，还曾用它击落了飞行中的小型无人机。从某种意义上说，石榴石激光武器已经走上战场，只是还不像科幻作品中一闪毙命的死光那样厉害。

说到气体激光器，装甲兵们应该不陌生，因为现代主流装甲车辆的激光测距仪就是一种最典型的二氧化碳气体激光器。那么，它的武器化进程又能不能满足军事专家的预想呢？早在 20 世纪 60 年代，人们就造出了功率几百千瓦的二氧化碳激光器。70 年代，美国用功率 400 千瓦的二氧化碳激光器击落了空空导弹和靶机，从而巩固了人们研制激光炮的信心。但是，在 80 年代开始的星球大战计划以及后来的 ABL 机载激光武器计划中，美军又放弃了二氧化碳激光器，这又是为什么呢？这个问题涉及影响激光威力的另外几个要素。激光的威力与波长和距离的平方成反比，激光与普通光相比较发散角虽然非常小，但并不是不存在。比如，波长是一微米的激光以一毫米的孔径向外发散，在 1 千米的距离上，激光光斑的直径可以达到 2.44 毫米；如果距离是 100 千米，

激光的光斑就会达到 24.4 厘米，这个时候光束的能量就不再集中而变得比较分散。这个时候，唯一的方法就是尽可能降低激光的波长，但是，二氧化碳激光器产生的激光波长一般在 10.6 微米，这比红宝石激光器的 0.7 微米大了两个数量级，也正因为如此，二氧化碳激光器只适合攻击几千米以内的目标而不能再远了。

气体激光器的波长问题成了无法逾越的障碍，于是，人们又把目光转向了波长比较短，又容易产生高功率，而且散热良好的化学激光器上。化学激光器利用特殊的化学反应产生激光，它的能量来源是化学物质，因而不像固体激光器、二氧化碳激光器那样需要外加的电能。在同样的体积、重量下，化学激光器产生的能量也更高。1983 年，美国建成了一台功率达 2.2 兆瓦，也就是2200 千瓦的氟化氘化学激光器，可产生 3.8 微米波长的激光，这一波长不到二氧化碳激光器的一半，因此，在同样功率下威力可以高出 7 倍，这为化学激光器的武器化奠定了坚实的基础。但是人们还不满足，因为 3.8 微米的波长还不够短，另一种氧碘激光器产生的波长只有约 1.3 微米。在同等功率下，它的威力又是氟化氘激光器的 8 倍，更是二氧化碳激光器的 65 倍。

动能拦截弹

▲ 动能杀伤飞行器

广义来说，"反弹道导弹"描述的是任何一种设计用于对付弹道导弹的反导系统。不过，通常所说的反导系统，一般特指用于拦截远程、装备核弹头的洲际弹道导弹的拦截导弹系统。

冷战时期，洲际导弹的出现催生了反导拦截弹。美苏在冷战时期都研制过反导系统，两国的反导系统均采用核战斗部，以弥补拦截弹精度上的缺陷。核战斗部的拦截弹在本国上空爆炸后，会带来较为严重的后果，如核沾染物质、大区域内的电磁脉冲干扰等，可谓"杀敌一千、自损八百"。在美苏核裁军条约和反导条约签署后，这种核战斗部的拦截弹就停止发展了。

进入 20 世纪 80 年代，以"爱国者"和 S-300 为代表的新一代防空导弹飞行速度达到 5~6 马赫，制导精度更高，实战中具备了一定的拦截近程弹道导弹的能力。1991 年海湾战争中，美国部署大量"爱国者"防空导弹系统，用

于拦截伊拉克发射的"飞毛腿"弹道导弹，取得了战果。但这些防空导弹只是兼具反导能力，从反导技术的角度看，"爱国者"和 S-300 的最大飞行高度、速度仍然不够，无法拦截射程更远、速度更快的弹道导弹。在导弹结构方面，防空导弹装备无线电近炸破片战斗部，在对付弹道导弹时毁伤能力不足。首先是弹道导弹和拦截导弹相对飞行，速度都非常快，无线电近炸破片战斗部需要经过引信启动、电雷管启动、炸药引燃爆破、产生破片等过程，虽然都只需毫秒级的时间，但在相对速度高达 6000~10000 米 / 秒的拦截作战中，这几毫秒的时间足以让拦截弹的战斗部在弹道导弹"身后"爆炸，使得拦截无效。

要想有效拦截远程和洲际导弹，必须抛弃近炸破片战斗部，采用全新的动能撞击方式进行拦截。

动能拦截弹由助推火箭和作为弹头的动能杀伤飞行器（KKV）组成。KKV的核心技术，是在太空中精确跟踪、锁定目标，并对本身的飞行方向、速度、姿态进行精确控制，最终使 KKV 本身与目标交会。由于 KKV 和来袭弹头都具有极高的飞行速度，因此 KKV 本身不需要专门射击的穿甲弹体，只需要与来袭弹头发生直接碰撞，就可以完全摧毁目标。美国在冷战时期的"星球大战"计划中曾提出动能拦截弹的概念型号"智能卵石"，但真正开始技术研究和工程设计，是在 20 世纪 90 年代末。最先开始进入研制的是美国空军的地基拦截弹。

▲ 多个动能杀伤飞行器

▲ 动能拦截弹

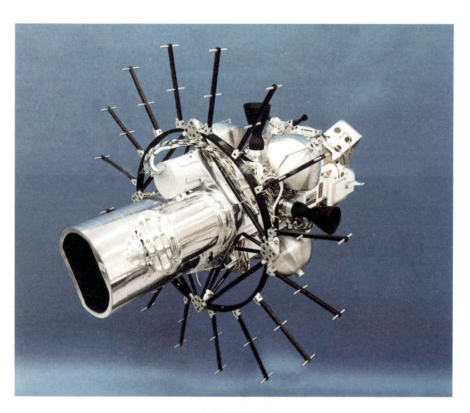

▲ 大气层外杀伤器

▼ 地基拦截弹

高超声速武器

　　高超声速飞行器是飞行速度超过 5 马赫的飞机、导弹、炮弹等有翼或无翼飞行器的总称。由于蕴含巨大的军事和经济价值，所以高超声速飞行器已成为当今世界各军事大国纷纷投资的领域，成为 21 世纪航空航天事业发展的一个主要方向。

　　高超声速飞行器大致可分为两个种类：第一类为吸气式高超声速飞行器，这类飞行器依靠自身高性能动力推进系统就可实现大气层内数倍声速的飞行。超燃冲压发动机、脉冲爆震发动机是这类高超声速飞行器的关键技术。第二类高超声速飞行器又被称为助推滑翔高超声速飞行器。目前助推滑翔高超声速飞行器大多采用技术上可行的火箭助推获得速度完成进入太空，达到最高点后下降进入大气层，进入大气层后通过气动升力效果在靠近大气层的边缘进行滑翔，最终抵达目标上空。

　　高超声速飞行器之所以受人关注，主要有以下三个优势：一是飞行速度快，如果军用的话，2 小时内可以打击全球任何目标；若用于民用，从北京飞到纽约用不了 2 个小时。二是探测难度大、突防能力强，由于高超声速飞行器速度快、通过时间短，导致防御雷达累积回波数量较少，从而不易被发现，而且即使被发现，地面防空武器系统也难以实现有效瞄准，因此突防概率极高。三是射程远、威力大，目前正在研究的高超声速导弹，其射程都在几百甚至上千千米以上；另外，高超声速飞行器在进行高

▲ X-51A 艺术图

超声速飞行时，其动能非常大，与传统的亚音速飞行器相比，在同样质量的情况下，威力也将增大很多。

X-51乘波者（X-51 Wave Rider）是美国波音公司研发的一种无人高超声速试验机，最高速度可达音速5.1倍，是美国超声速燃烧冲压发动机试验机之一。首架乘波者在2010年5月26日完成了音速5倍的试验，最后一次试验在2013年5月1日，总共进行4次试验。X-51之所以获名"乘波者"是因为它能靠着"驾驭"所产生的冲击波来形成"压缩升力"。

作为美军测试高超声速技术重点的乘波者，采用了许多美国在世界上依然首屈一指的尖端技术，可以说是X-43试验机和SR-71黑鸟式侦察机的技术结晶品。例如乘波者的SJX61发动机采用了碳氢燃料设计，这种物料为发动机提供了很好的稳定、耐热和抗爆能力。同时乘波者还采用了一种"主动冷却技术"，可通过热交换器来实现机身表面和发动机降温，其冷却结构比SR-71更为先进。不过真正为X-51较为独特的技术便是"乘波技术"，这种技术是基于整体机身布局，X-51在设计上就采用了乘波设计，由机身头部设计至腹部的进气道都形成了独特流线外形，整体的机身分布使X-51产生的压力都用于机体上升的升力，形成所谓的"压缩升力"。

美国《基督教箴言报》在形容X-51A验证机的飞行时，称它比"超人"还快，而且还比喻，它的超燃冲压发动机的技术难度就好比在飓风中点燃一根火柴，并且不让火焰熄灭。《洛杉矶时报》描述X-51A验证机的首次试飞：一架外观酷似冲浪板的飞机从一架B-52H载机的机翼下分离，然后以超过5600千米/时的速度在太平洋上空飞行，这让过去的飞行纪录为之逊色，也重新点燃了研制高超声速飞行器的热情。

高超声速导弹与传统巡航导弹相比，具有不少优势：例如反应速度快，亚音速巡航导弹打击1000千米外目标需要一个小时，而X-51A只需不到10分钟；突防能力强，现有的巡航导弹主要依靠超低空飞行和隐身技术来突破敌方防御，由于速度慢，暴露后易被拦截，而对于在高空飞行的X-51A来说，现有的防空武器对它基本无计可施；破坏威力大，X-51A有着惊人的动能，面对钢筋混凝土的打击目标，它也能钻进去10余米，特别适合打击深埋于地下的指挥中心等坚固目标。

目前美国空军正在推进两种高超声速项目：以高超声速吸气武器为技术核心，也就是类似 X-51 乘波体体制的巡航导弹，发动机从空中吸收氧气来保持推进；另一种是战术助推滑翔技术，将飞行器加速到马赫数 5 以上，从亚轨道进入大气层后使其滑翔至目标区域上空，这就是利用"钱学森弹道"使一次性再入大气层的飞行器在高空"打水漂"，从而抵达更远的区域。

一般弹道导弹在重返大气层前会释出弹头，其速度天然就会达成高超声速，可是弹头一般都规律地按抛物线弹道飞行，容易被反弹道导弹计算拦截。而高超声速滑翔载具拥有与普通弹道导弹弹头完全不一样的飞行轨迹，可以在弹头重返大气层后利用其高升阻比的外形，地面人员可以操纵高超声速飞行器内建的小型助推火箭引擎来修正方向（比如可以拉起），在高空层进行高超声速相对平直的滑翔，将原来以"弹道导弹"飞行的模式，转换成"巡航导弹"飞行的模式，继续进行相当长距离的飞行，并且可以进行空中机动。因此，它被发现要晚于弹道导弹弹头且运行路线不规律；对它做出反应或未击中而再次向它射击的时间较短，从而可以规避反弹道导弹系统的拦截。

这种高超声速飞行器（能够携带核弹头）可能安装在一种由洲际导弹改造的运载火箭中，从地面发射后，与火箭助推器分离，然后再入大气层进行无动力高速飞行，据称，其速度高达马赫数 10（也就是音速的 10 倍，12359 千米/时）。

高超声速滑翔载具也是各国一个重要的研究方向。实际上它更像一枚重返大气层的弹头，和流线形减阻力弹头不同的是，滑翔载具弹头的气动外形更像一个冲浪板，它可以在重返大气层后，将动能转化为升力，就像滑翔机一样快速飘出很远的距离。

这种情况下，滑翔载具弹头实际上比分导式多弹头还要可怕。后者就像一辆出租车，可以在不同的目标区域释放弹头，但弹头自由飞行的距离极为有限。而滑翔载具弹头能够在大气层内根据需要进行长距离飘移，其飘移范围可能达到数百千米，完全有能力避开敌方预设的战区导弹防御体系。

电磁轨道炮

▶ 什么叫电磁轨道炮

自火炮发明至今，人们都是依靠化学能——火药爆燃产生的能量来推动炮弹出膛。经过数百年的发展，传统火炮的性能已接近极限，继续改进、挖掘潜力变得越来越困难。火炮以火药为能量推动弹丸前进，但火药的爆速是有限的。一般的钝化硝化棉发射药，其燃速为 3000～4000 米／秒，使用这种发射药的火炮，弹丸初速最高只能达到 2000 米／秒左右，再往上提速困难重重，发射药的效率急剧降低。此外，为了让炮弹的初速更高，火炮的膛压也日益提高，这使得火炮身管的制作工艺越来越复杂昂贵，身管烧蚀日益严重。以坦克主炮为例，20 世纪 70 年代就已将初速提高到 1800 米／秒，时至今日，初速最高的坦克炮仍然是 1800 米／秒，只是弹丸比 30 年前重了一些，威力有所增加。而现代的海军舰炮，其弹道性能与 30 年前甚至二战时期的同口径舰炮相比也没有明显的改善，主要的区别就是，现代舰炮依靠火箭增程弹药、末制导技术等其他手段来提高舰炮的战斗力。

电磁轨道炮（Railgun），简称为电磁炮，是一种利用电磁力发射弹丸的动能武器。当发射时通过电磁力加速到超高声速后转变为动力将弹丸瞬间弹出，弹丸接触到指定目标后迅速爆炸，对目标可以造成极大的毁伤。这种高速毁伤性武器恰恰满足了军队对更大初速、更远射程和更强杀伤力的迫切需求，截至目前，美、英、德、法都在对其进行着更深一步的研发工作。

电磁炮是一个原理说起来简单，实现起来难，达到实战部署阶段更难的武器系统。早在 19 世纪 20 年代，研究电磁现象在欧洲就已形成热潮。1845 年，曾有人绕制了一些线圈，利用线圈的电磁力将一根金属棒射出了近 20 米远。1901 年，挪威物理学家伯克兰造出了世界上第一门电磁线圈炮，能把 10 千克的弹体加速到 100 米／秒。20 世纪 70 年代，澳大利亚国立大学试制了一门电磁炮，首次成功地将质量为 3.3 克的弹丸加速到 5900 米／秒，此后又经过改

▲ 美国海军的电磁轨道炮

进，能将 2.2 克的弹丸加速到 10 千米 / 秒。这些试验性质的电磁发射装置，严格意义上说都不能称之为武器。要达到实战部署，电磁炮的体积和重量必须小到可以安装在作战平台（舰艇或坦克），射速和射击精度必须满足要求。但这些试验装置体积庞大不说，其电容往往需要充电数小时乃至 1 天才能储满一次发射所需的能量，显然无法达到实用水准。

与传统的大炮将火药燃气压力作用于弹丸截然不同，电磁轨道炮主要有四个优点：第一，射程比较远。第二，成本较之传统火炮较低。第三，安全性较好。第四，可控性较高。

目前研制的电磁炮，根据结构和原理的不同，可分为以下几种类型：

电磁线圈炮：由加速线圈和弹丸线圈构成，当加速线圈通入交变电流时，产生的交变磁场就会在弹丸线圈中产生感应电流，产生磁场力，推动弹丸前进。

电磁轨道炮：由两条平行的长直导轨组成，导轨间放置弹丸，弹丸是导体，构成了整个电流通路，也就是一个直线感应电机。当两轨接入电源时，弹丸在安培力的作用下射出。

▲ 未来战场上的电磁轨道炮

电热炮：又称等离子炮，它仍然有传统的火炮身管，炮管内设置有接到等离子体燃烧器上的电极，当等离子体燃烧器两极间加上高压时，会产生一道电弧，使放在两极间的等离子体生成材料（如聚乙烯）快速蒸发，蒸发后的材料变成过热的高压等离子体，推动弹丸前进。

电磁重接炮：一种多级加速的无接触电磁发射装置，它利用两个矩形线圈上下分置，有一定初速的"炮弹"在两个矩形线圈产生的磁场中受到强磁场力的作用，穿过间隙在其中加速前进。

电磁线圈炮是电磁炮的最早形式，它易于在实验室实现，但很难实用化。美国海军 2008 年进行试验的是电磁轨道炮。等离子炮和电磁重接炮目前还处

于理论论证阶段。

▶ 电磁轨道炮的优势

电磁炮以电磁力推动炮弹前进，炮弹不受火药燃速的限制；以导轨和导体弹丸共同构成电流回路，省去了精密、昂贵、笨重的身管；以电能作为发射能源，省去了易燃易爆的发射药，弹药库更安全。美国海军认为，电磁炮理论上的初速完全可以达到第一宇宙速度（7900 米 / 秒），如果用电磁能技术来发射重量类似于 155 毫米炮弹的弹丸，可以轻易达到 1000米 / 秒的初速，且电磁炮身管寿命将是传统火炮的10 余倍，炮塔旋转部分重量是传统火炮的 1/2，炮口冲击波对舰体的震动和破坏也会降低到"令新型战舰的设计师们感觉非常愉快"的程度。

采用新发射机理的电磁轨道炮具有以下几个方面的优点：首先，电磁轨道炮初速高、炮口动能大、射程远。电磁轨道炮发射的弹丸初速可以达到 2500 米 / 秒，大幅度提高了弹丸的射程，配合精确制导炮弹，可以实现远程精确打击。其次，结构便于调整，炮弹质量范围大。传统火炮定型之后结构一般无法更改，但电磁轨道炮则可以根据需要灵活地改变结构，发射不同气动外形的弹丸。

电磁轨道炮第三个方面的优点是装填方便、快捷和效率高。由于电磁轨道炮可以采用开放式后膛，没有炮闩，可以简化装填机构，非常便于实现自动装填和连续发射，大大增强了武器的快速反应能力和连续作战能力。同传统火炮相比，电磁轨道炮的发射效率可以超过传统火炮 30%。

因此，电磁轨道炮相对于传统火炮的优势是显而易见的。它射程远，能够与导弹相媲美。它的弹丸飞行速度快，可实现时敏性打击，而且可以提供全天候的持续海上火力支援。它的弹舱容量大，不采用发射药，作战使用安全，可以提高舰艇的生存能力。如果电磁轨道炮一旦实用化，在军事领域将具有重大的意义。

但是，电磁轨道炮的研制技术难度非常大，还有许多突出的问题需要解决。首先，电磁轨道炮的脉冲电源和常见脉冲电源不同，需要输出极高的电能，电流要求一般是兆安级。因此，电磁轨道炮的电源问题一直是阻止其走向实用化的主要因素。其次，电磁轨道炮的电枢、弹丸以及发射过程也存在着若干技术难题，例如，电枢应采用高清度、耐磨损的特殊轻质导电材料制造，弹丸也需要特殊材料，并解决制导方面的难题。再则，电磁轨道炮的电源必须具备快速重放电的能力，从而实现较高的持续射击能力，满足火力支援的要求。目前，除了"朱姆沃尔特"级驱逐舰等采用综合电力系统的水面舰艇外，其他舰艇均无法装备电磁轨道炮。不仅如此，电磁轨道炮面临的技术问题还远远不只这些。

▶ 电磁轨道炮的发展前景

从目前来看，电磁轨道炮仍然有许多难点需要进一步的攻关，但随着科技的不断发展、生产工艺的改进和新材料的突破，研制电磁轨道炮面临的各种困难和问题都将迎刃而解，而它的优势将得到充分的体现。由于水面舰艇可以提供较大的安装空间和承载重量，特别是采用综合电力推进系统的舰艇具有满足电磁轨道炮发射所需的初级能源，因而有可能成为最先装备这种新概念武器的作战平台。

空天飞机

▶ 什么叫空天飞机

空天飞机（Aerospaceplane）是一种大部分国家正在研究的新型航天运输系统，它既能够航空亦能够航天，是集航空器、太空运载工具及航天器于一身的航空航天飞行器，亦可以作为载人航天器，可以重复使用。

空天飞机上同时有飞机发动机和火箭发动机，起飞时也不使用火箭助推器，可以像飞行器一样从飞机场跑道上起飞，以高超声速在大气层飞行，直接进入太空，成为航天器，降落时亦可以像飞机一样在飞机场跑道上降落。空天飞机将会是 21 世纪各国争夺制空权和制太空权的关键武器之一。目前美国、俄罗斯、中国、日本及德国都在研究空天飞机，但没有获得实质成功，多数方案还是要靠抛弃式运载火箭升空，类似老式航天飞机的观念。美国曾在 20 世纪 90 年代研发冒险之星飞行器，但最后关键技术无法突破而终止。

目前接近于空天飞机的一种设计是美国的 X-37B，说它接近，是因为 X-37B 发射时利用运载火箭垂直发射，而不是像飞机那样起飞，但返回时跟

▲ 飞行中的 X-37B

▲ 发射台上的 X-37B

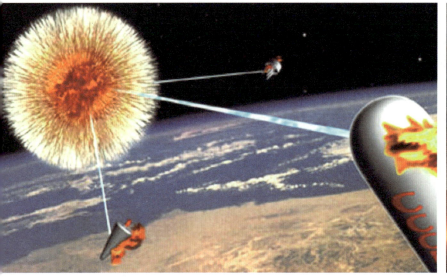

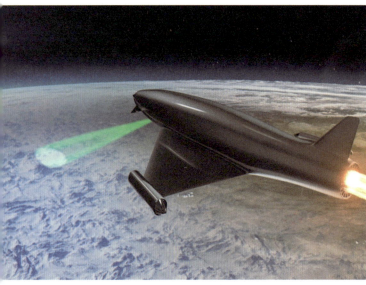

航天飞机一样，靠机翼滑翔降落。

按照美国空军官方说法，X-37B 的目标是“对可重用太空飞行器技术进行太空试验，降低风险，使用方案开发，用于支持太空长期发展计划”，从描述上看仍然着重于技术验证，分析认为 X-37 有发展为美国第一个实用的军事空天飞机的潜力。

▶ X-37B 的功能

作为一种无人验证机，X-37 的工作重点是推动技术进步，这将是第一种进行轨道飞行试验的试验机。尽管航天飞机投入飞行已经有将近 30 年的历史，但是作为载人飞行器，从安全性考虑无法进行一些特定试验，这恰恰是 X-37 的领域。NASA 和波音公司则希望通过 X-37 项目验证能大幅度降低成本的新技术，如再入和着陆过程中的自动机动与操作技术，参与 X-37 项目的美国空军希望以此为平台开发太阳能电池阵、精确指向等技术，这些技术是美国空军开发空间机动飞行器所需的。

2006 年 11 月，美国空军宣布以 X-37A 为基础发展 X-37B，称为轨道试验飞行器（Orbital Test Vehicle，OTV）。

2010 年 4 月 22 日，第一架被命名为 OTV-1 的 X-37B 从美国佛罗里达州卡纳维拉尔角空军基地搭乘阿特拉斯 -5 型运载火箭发射升空，并在 12 月 3 日成功在加利福尼亚州范登堡空军基地降落。

X-37 至今可分为三个版本，其中 X-37A 是最原始的技术验证机，X-37B 是为美国空军研制的版本，X-37C 是 X-37B 的载人版本发展方案。

三个版本的 X-37 均是一架可以重复使用的空天飞机。在 X-37 不同系列的测试任务中，美国官方经常采用不同的材料去制造 X-37 的机身，使其可以了解不同轨道环境对机身制造材料的影响。

X-37B 采用了精准度极高的导航系统与自动着陆系统，使 X-37B 在完成任务时能精准确定着陆方位并自动返航降落至地球的飞行跑道上。其次，X-37B 还拥有太阳能电池板和锂电池，在进入预定轨道时 X-37B 可以依靠自身的电力供应系统在轨道飞行长达一年以上。

▲ 多种新概念太空武器

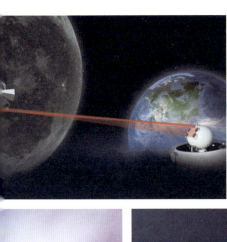

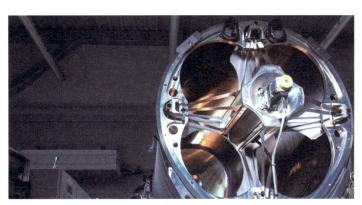

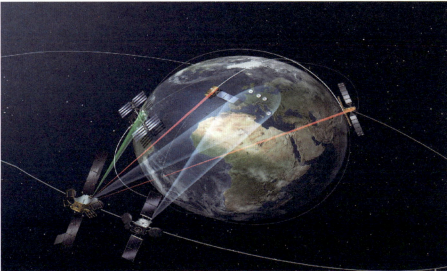

电磁脉冲武器

▶ 什么叫电磁脉冲武器

　　我们先说说什么叫电磁脉冲。电磁脉冲有自然产生的和人工产生的两种。自然产生的电磁脉冲大家都很熟悉，夏天的雷雨天经常发生闪电，当闪电发生时，家里的电视图像会发生抖动，音响里会发出刺耳的噪音，这就是自然发生的电磁脉冲。

　　电磁脉冲以空间辐射为传播形式，透过电磁波，可对电子、信息、电力、光电、微波等设施造成破坏，可使电子设备半导体绝缘层或集成电路烧毁，甚至使

▼ 电磁脉冲弹工作原理

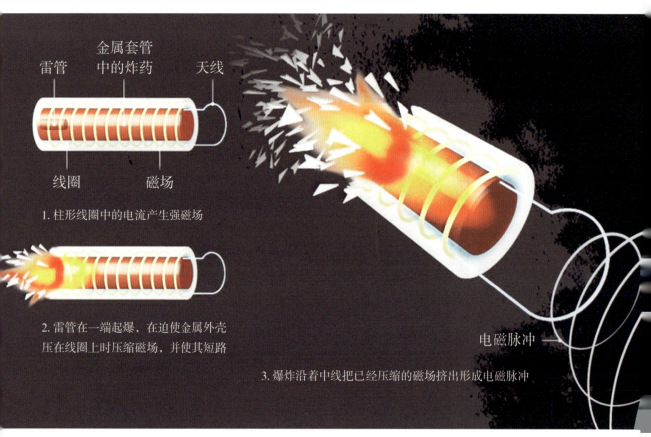

金属套管中的炸药

雷管　　天线

线圈　　磁场

1. 柱形线圈中的电流产生强磁场

2. 雷管在一端起爆，在迫使金属外壳压在线圈上时压缩磁场，并使其短路

3. 爆炸沿着中线把已经压缩的磁场挤出形成电磁脉冲

电磁脉冲

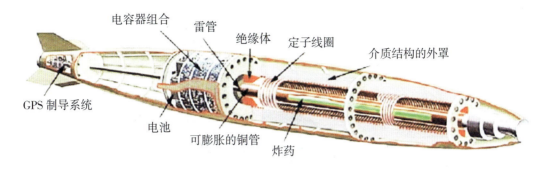

电容器组合　雷管　绝缘体　定子线圈
介质结构的外罩
GPS 制导系统
电池　可膨胀的铜管　炸药

▲ 电磁脉冲炸弹

设备失效或永久损坏。强电磁脉冲对现代战争的影响主要反映在以下几方面：

1 │ 直接影响综合电子信息系统。综合电子信息系统（C^{4}ISR）包括指挥（Command）、控制（Control）、通信（Communication）、计算机（Computer）、情报（Intelligence）、监视（Surveillance）和侦察（Reconnaissance），是一个巨大的信息网络，在现代战争中起到神经中枢的作用。而这个系统极易受到强电磁脉冲的干扰和破坏。

2 │ 现代战争的许多武器都具有很高的电子技术含量，因此，武器本身也容易受强电磁脉冲的破坏。

3 │ 当前几乎所有国家的社会和经济系统都离不开计算机和网络系统，因此，一旦发生战争，特别是当对方使用电磁脉冲武器后，不仅会影响战争全局，也会对金融、商业以及交通运输等国民经济领域产生影响，严重时会使整个社会管理陷于瘫痪。例如：一架飞行中的民航客机，若遭遇电磁脉冲侵袭，电磁脉冲能量可经由金属机身、外露天线、座舱等路径，进入机内电子电路中，造成电子组件烧毁、电路被干扰、仪表突然产生各种警报信号，进而使飞机各项数字飞控系统失效，影响飞行员的判断与处置，甚至造成严重事故。

4 │ 高空核爆炸产生电磁脉冲，会导致电网长时间断电，并摧毁各种大面积的电子设备。例如，若在地面上空 30 千米处发生核武器爆炸，将在地面上产生半径约 600 千米的电磁脉冲场，导致电网和其他维持生命的关键基础设施在更大范围内崩溃。若在地面上空 400 千米处发生一次核武器爆炸，将在地面上形成一个半径 2200 千米的电磁脉冲场。

▲ 电磁脉冲武器产生的各种效应

5 | 电磁脉冲可影响电离层的稳定性,当雷达波掠过被电磁脉冲扰乱的区域时,其传播途径会发生弯曲,造成雷达所确定的目标位置可能与真正的目标位置有所差异,严重时甚至产生吸收作用,假如雷达波从目标物反射回来而必须通此一区域,即将全部被吸收,因而使雷达信号中断。在军事系统中,许多方面都需要雷达,雷达信号受到干扰,必将影响军事活动。

6 | 对信息系统的影响。迅速而确实的情报信息,对军事作战而言,特别明显而重要。但电磁脉冲却能够破坏(或消除)储存在半导体存储器内的数据,或者将装置有控制系统的功能破坏,造成整个信息处理中心瘫痪,信息无法传递,对 C⁴ISR 系统伤害极大。

▶ 电磁脉冲武器发展历程

核电磁脉冲武器是指利用核爆炸产生的高强度电磁脉冲对敌方军事或民用目标实施打击的武器。这是一种以增强电磁脉冲效应为主要特征的新型核武器。早在 20 世纪 70 年代,苏联和美国的专家对原有核武器的设计进行了改造,使核弹在爆炸时能将更多的核能量转换为电磁脉冲能量。

电磁脉冲弹是利用大功率微波束的能量,直接杀伤破坏目标或使目标丧失作战效能的武器。这种武器由飞机或导弹在空中发射并爆炸后,其强大的脉冲

▲ 波音公司研制的电磁脉冲导弹

▲ 被电磁脉冲武器袭击后

功率，可将敌方的电子灵敏元件，甚至整个电子设备烧毁。这种武器的破坏目标，通常不是某一种电子设备，而是针对某一地区的几乎所有的电子设备，如俄罗斯研制的电磁脉冲弹，可将爆炸能转变成电能的强烈脉冲，一次释放能量100 兆焦耳，对电子设备威胁极大。电磁脉冲弹爆炸时释放出的大功率电磁脉冲，还能扰乱人的大脑神经系统，使人暂时失去知觉。

超宽带电磁辐射器是近年研发的一种新型电磁脉冲武器，由于频带很宽，可瞬间大范围覆盖目标系统的响应频率，使跳频通信变得毫无意义，因此对电子设备有很大的威胁。这类武器的最大优点是体积小、操作方便，置于车辆、飞机和卫星上，可破坏敌方的电子信息系统、信号接收机。据报道，美军正在研究用高能炸弹驱动的电磁脉冲发生器，在最近的实验中，长 3.05 米、宽 0.61 米的普洛西翁型发生器产生了上升时间仅 400 纳秒的 12~16 毫安的脉冲，有效功率达 4 太瓦（1 太瓦 $=10^{12}$ 瓦）。美空军拟将输电约 30 毫安的小型电磁脉冲发生器装在巡航导弹中，利用类似聚光罩的天线，将电磁脉冲发生器的输电能量汇聚在大约 30 度的范围内，从而达到对电子设备进行瘫痪攻击的效应。

⭐ 知识总结

写一写你的收获